W0340601

MA VIE AVEC MAURIAC

BERNARD CAZENEUVE

MA VIE AVEC MAURIAC

ma vie avec

Gallimard

ma vie avec

Collection dirigée par
François Sureau

© *Éditions Gallimard, 2023.*

Mauriac portait sur la tempe un œil de jeune poulain. Naïf, gai, pétulant, sournois, adorable Mauriac ! Il me regardait me gaspiller avec un peu de crainte et pas mal de confiance gentille. En face de mes lumières factices (il se croyait dans l'ombre) : Eh bien ! s'écria-t-il, je vais écrire des romans et je les lancerai comme le chocolat Poulain !

JEAN COCTEAU,
cité par François Mauriac,
Le Figaro littéraire, 9 mars 1940

Fragment d'une rencontre

En écrivant sur François Mauriac, j'ai cherché à dire combien sont singulières les ondes qui passent entre des êtres qui ne se rencontreront jamais et dont on ne sait rien des liens qui auraient pu les unir, si les hasards de la vie les avaient placés sur le même chemin. Sans doute Mauriac avait-il lui-même l'intuition de ces correspondances étranges lorsqu'il notait, en 1939, dans un texte intitulé « Cinquante ans », publié par *La Nouvelle Revue française* : « L'impossibilité de survivre se rattache au mystère de la personne. Ce qui disparaît c'est justement ce qui centrait les êtres différents dont nous sommes composés. La mort rompt le faisceau et éparpille au hasard des esprits qui les recueillent, des fragments de cette "somme" que nous étions. »

J'avais sept ans en 1970, lorsque Mauriac est mort. En fouillant dans ma mémoire, comme on cherche obstinément un objet sur un bureau trop encombré, je me souviens que c'est en juillet 1972, en lisant *Le Nœud de vipères*, qu'un de ces fragments s'est présenté spontanément à moi dont je n'ai jamais pu, par la suite, me départir.

Enfant, après la fin des classes, je passais les premiers jours de juillet chez ma grand-mère paternelle, dans une petite maison plantée sur une colline, chemin Puech-du-Teil à Nîmes. Les aménagements étaient simples et modestes. La cour minérale au milieu de laquelle un vieil abricotier, encore généreux, nous donnait un peu d'ombre demeurait trop chaude jusqu'au coucher du soleil, pour qu'il nous soit possible d'y jouer. Il nous fallait rester à l'intérieur et trouver à nous occuper. Dans une bibliothèque en bois clair, dont le vernis commençait à s'écailler et qui semblait sortir tout droit d'un économat des armées, des étagères alignaient des romans dont la couverture rouge, sobre et cartonnée nous invitait à la lecture. Les titres et le nom des auteurs se détachaient sur le dos des livres en lettres dorées. J'avais neuf ans lorsque je pris en main le roman de Mauriac. Je pensais qu'il s'agissait d'un livre sur les reptiles, que j'avais en horreur. Dans la torpeur de l'été, j'étais en quête des frayeurs les plus grandes.

Mon enfance était solitaire et le monde me semblait hostile. Les adultes, dont les conversations m'intéressaient beaucoup, portaient sur moi un regard intrigué. J'avais accès, plus qu'ils ne l'imaginaient, aux sentiments qui parfois les consumaient de l'intérieur. Mais, de leurs passions dévorantes et de la noirceur qu'elles pouvaient engendrer, je ne savais presque rien. En me plongeant dans *Le Nœud de vipères*, je découvris un monde encore inconnu de moi. Certes, je ne pouvais pas tout comprendre des drames insondables qui ravageaient des personnages de chair et de sang, traqués, emmurés vivants dans des existences qui étaient devenues des prisons. Mais, pour des raisons qui m'échappaient, ce récit des passions brûlantes me parlait. Mes paysages familiers s'en trouvaient modifiés. La vie d'un autre, immense, rencontrait la mienne qui n'était qu'à son commencement. Ce tumulte faisait naître en moi un univers particulier.

Plus tard, pendant le même été et au cours de ceux qui suivirent, j'ai lu d'autres romans, *Le Sagouin*, *L'Agneau*, *Therèse Desqueyroux*, *Le Mystère Frontenac*, *Génitrix*, *Les Anges noirs*… et avec moins d'entrain l'œuvre théâtrale de Mauriac où les personnages, étrangement, peinaient à prendre leur envol.

Lorsque la passion de la politique commença à s'emparer de moi, le Bloc-Notes devint une source inépuisable d'informations. L'acuité du regard porté sur les situations et sur les êtres, l'implacable lucidité des jugements, tombant à partir des hauteurs, condamnaient la médiocrité d'une époque. Seules quelques figures, comme celles du général de Gaulle ou de Pierre Mendès France, se trouvaient épargnées par la plume impitoyable du journaliste dont les détracteurs, souvent privés d'arguments, se plaisaient à souligner la méchanceté.

Dans la somme des biographies et des ouvrages consacrés à François Mauriac, on trouvera une densité à laquelle ce petit livre ne peut prétendre. Pour se hisser vers les sommets des érudits de Malagar et faire avec eux société, il faudrait des titres de gloire, universitaires ou littéraires, dont j'ai laissé passer le temps. Alors, sans regret, je me suis contenté de faire le récit d'une rencontre désormais ancienne et toujours inachevée, dont je cherche aujourd'hui encore les raisons pour lesquelles elle m'inspire.

I

L'ÉTERNEL ENFANT

La longue marche de François Mauriac, du commencement de son enfance jusqu'à sa plus grande vieillesse, traverse des paysages contrastés. En se laissant guider par lui, à mesure qu'il déambule au hasard des méandres de sa vie, on finit par accéder à l'unité d'un être.

Les moments saillants de son existence, avec ses grandes césures, ont vu sa personnalité éclore dans la petite enfance, puis s'affirmer lors du passage à l'adolescence ou à la suite du grand départ vers Paris. Dans d'inextricables contradictions un personnage est né, qui a forgé peu à peu sa propre légende avec une écriture d'écorché vif, noircissant les pages denses et superposées d'un palimpseste.

En suivant du regard les promenades mystérieuses de l'écrivain bordelais, on découvre des lacets sinueux qui plongent vers des pentes escarpées, des fleuves larges et limoneux comme la Garonne, charriant leurs alluvions et les immobilisant face à la mer, par peur du grand large. On pénètre dans les forêts tannées par le soleil et balayées par des vents de sables abrasifs, emportant avec eux des âmes perdues et mêlant au parfum de résine d'enivrants effluves de vin. On se perd dans des rues sombres, dont les façades presque noires évoquent celles que je découvris à Bordeaux, au début des années quatre-vingt, et qui me laissèrent une lugubre impression d'abandon. On est emporté par la violence extrême des passions humaines, lorsque des incendies embrasent des êtres qui se consument longtemps, dans le sentiment d'un amour impossible ou d'une inextinguible haine. Et puis il y a des lignes de fuite, celles qui nous projettent vers l'infini et donnent au paysage une dimension sacrée, en le tirant vers le ciel, comme *La Colline inspirée* de Maurice Barrès.

L'unité d'une vie ne se décrète pas. Elle n'est pas œuvre de volonté. C'est au fil du temps, imperceptiblement, que les contradictions s'estompent et que la sagesse finit par nous mettre en paix avec nous-même. En inventant la psychobiographie, le médecin et écrivain Jean Delay nous a enseigné qu'il est des ressorts profonds qui trouvent leur origine dans la petite enfance et qui expliquent ce que nous sommes devenus. Appliquée à la jeunesse d'André Gide, cette science a dicté une lecture différente de *Si le grain ne meurt*, où les faits ont pris le pas sur les effets de la littérature.

Dans ce processus complexe de construction de la personnalité, des événements servent parfois de détonateur. Ils peuvent avoir la cruauté d'un arrachement et revêtir la forme d'un deuil. Pour prendre la mesure des ruptures qui furent pour François Mauriac comme autant d'épreuves, rien n'est plus instructif que son œuvre autobiographique, même si celle-ci dit peu de chose de ce qui le taraudait intimement. Ses souvenirs nous sont livrés par bribes, de manière subtilement décousue et à travers plusieurs petits livres, qui éclairent un moment singulier de son existence ou l'importance d'une rencontre. Tout semble ici conçu pour brouiller les pistes, pour nous dissuader d'entrer par effraction dans sa vie et de nous en faire juges.

Dès la petite enfance de Mauriac, la mort rôde alentour. On la sent traquant une famille bourgeoise que les propriétés foncières et la prospérité des activités de négoce ont mise à l'abri du besoin. Dans *Commencements d'une vie*, publié en 1932, la disparition subite du père ouvre le récit des premières années: « Je ne me suis jamais accoutumé à ce malheur de n'avoir pas connu mon père. J'avais vingt mois lorsqu'il est mort: quelques semaines de grâce accordées par la Providence et je me fusse souvenu de lui ; car sa mère qui lui survécut à peine une année, je la revois. » Dans le *Journal d'un homme de trente ans*, l'effroi face au mourant apparaît sous une lumière plus crue: « Quand on me porta dans la chambre où il agonisait, je poussai des cris et ne pus l'embrasser. »

Le déchirement de la séparation, enfoui au plus profond de son être, déclenche par moment des bouffées nostalgiques. Un jour, Claire, sa mère, ouvre son armoire à glace et le jeune François y aperçoit, au sommet d'une pile de linge, le chapeau melon noir de « pauvre papa ». Plus tard, comme il le raconte dans *Un adolescent d'autrefois*, il se convainc que son père est revenu et court à en perdre haleine jusqu'à la maison familiale, pour constater qu'il n'y est pas. De cet arrachement, il demeurera toujours une forme de fidélité à la libre-pensée et à l'impertinence de celui qui est parti trop tôt et dont le benjamin de ses fils racontait qu'il engloutissait chaque vendredi une côtelette, par provocation anticléricale. Certes, ce qui nous vient de nos parents n'explique pas tout ce que nous sommes. Mais, chez François Mauriac, les valeurs familiales et les propriétés foncières ont compté au moins autant que la foi, dans la construction de la personnalité.

De Claire, il parle comme d'une sainte, pour laquelle il éprouve de l'adoration. Dans ses entretiens radiophoniques avec Jean Amrouche, où il livre seulement ce qu'il veut bien de lui, il évoque une très jeune femme, restée seule avec ses cinq enfants et qui a conçu le veuvage comme un état de religion. Après la mort de Jean-Paul Mauriac, la famille au complet se réfugie au troisième étage du 7 de la rue Duffour-Dubergier, chez la grand-mère maternelle, Irma Coiffard. On est là au cœur du Bordeaux d'autrefois, sur une artère dont le tracé encore récent unit le cours Pasteur à la place Pey-Berland, où fut jadis érigée la cathédrale Saint-André.

Du père donc, il ne demeure aucun souvenir, et le jeune François peine à faire jaillir, du tréfonds de sa mémoire, la figure de cet être emporté trop vite par la mort. C'est avec le temps qui passe et avec la maturité qui vient, qu'il construit avec lui une relation où domine cette sensibilité ironique et tendre, qui opposait la personnalité de Jean-Paul Mauriac à celle, pieuse et austère de son épouse. Je me plais ici à penser que, longtemps après sa disparition et alors qu'il avait grandi, François Mauriac reçut, de celui dont l'absence lui avait été si cruelle, quelques précieux fragments de son esprit. Parmi ces legs, qui l'ont aidé à se construire, certains ont pris la forme de livres ou de paysages choisis, évoquant des racines et des êtres au caractère trempé. Au nombre desquels figure en bonne place l'oncle paternel, progressiste et de libre-pensée, qui inspira le héros du *Mystère Frontenac*.

Alors qu'il est adolescent, François découvre dans la bibliothèque familiale une édition des poèmes de Baudelaire ayant appartenu à son père. C'est ainsi que la licence, sous sa forme la plus douce, entre insidieusement dans le foyer, sans que la vigilance maternelle parvienne à s'y opposer. Au début des années soixante-dix, Claude Mauriac a publié une partie des mémoires de son grand-père, Jean-Paul, dans *Le Temps immobile*. On y découvre une liberté d'esprit presque primesautière, un anticonformisme de bon aloi, s'arrêtant subtilement aux portes de la transgression, et une distance soigneusement entretenue avec la religion, celle classique d'un agnostique doutant de tout, comme on en comptait de nombreux dans le Sud-Ouest, à la fin du XIXe siècle, où le Parti radical et l'anticléricalisme prenaient racine et prospéraient.

Il y avait dans ma famille un « oncle de Bordeaux », dont ma grand-mère me parlait souvent, car il lui avait légué en héritage une maison à Talence, dont l'opportunité de la vente animait parfois nos dîners en famille. À Nîmes, on évoquait régulièrement la mémoire d'Edmond Cazeneuve, avec si peu de précision que le clair-obscur qui entourait son personnage laissait libre cours à mon imagination, pour lui inventer une vie. On me disait qu'il avait été membre du Parti radical et de la libre-pensée et qu'au lendemain de la guerre, il avait joué un rôle dans la création d'un journal local, dont la prospérité l'avait occupé jusqu'à sa mort. Pour des raisons qui tenaient à ses choix philosophiques, je le rangeais naturellement du côté de Jean-Paul Mauriac et j'imaginais entre eux des débats sans fin sur l'épineuse question de la religion et de sa place dans la direction des consciences. La découverte des romans de l'écrivain bordelais me rendait cet oncle moins lointain, alors même que je ne l'avais pas connu et ne savais presque rien de lui. Les descriptions si méticuleuses de la Guyenne et des landes girondines que l'on y trouvait, donnaient un décor à la vie de cet inconnu. J'imaginais que le tramway qui desservait Gradignan, Pessac et Talence déposait au seuil de sa maison des cohortes de personnages, vêtus comme dans les années vingt et qui ressemblaient à s'y méprendre à ceux du *Désert de l'amour*. Pour des raisons obscures et inexplicables, mais qui pour l'essentiel résultaient des débordements de mes introspections d'enfant, je l'invitais à rejoindre ces demeures mauriaciennes, landaises ou girondines, où des drames épouvantables se nouaient. En lisant *Thérèse Desqueyroux*, je le voyais dans le grand salon de la maison d'Argelouse, souffrant lui aussi son martyre, aux côtés d'une épouse revêche. Dans les pièces de la petite maison de Nîmes où l'on échangeait à voix basse, la rumeur familiale disait que la femme qui avait partagé la vie de l'oncle Edmond n'avait guère été aimable.

La libre-pensée du père, sa défiance à l'égard des hypocrisies de la religion, tout cela ne pouvait laisser indifférent François Mauriac, qui se trouvait placé, par les hasards de la naissance, à la confluence de traditions religieuses et philosophiques longtemps opposées et que chacun de ses parents incarnait à sa manière.

Dans la biographie qu'il lui a consacrée, Jean Lacouture évoque ce nœud de contradictions, où les contrastes de paysages et de terroirs ont également leur place et contribuent à l'éclosion de l'écrivain et du poète : « L'auteur du *Mystère Frontenac* a toujours eu conscience d'être issu d'une conjonction singulière entre le milieu bordelais, négoce et dévotion mêlés, une terre à vignes aux horizons modérés, peuplée de paysans prudemment rapaces, et des propriétaires landais voltairiens, émergeant des marécages sablonneux de ce désert du milieu du siècle où il n'était de lumière, l'hiver, que de chandelles de résine, de transport qu'en charrettes à bœufs et de vie que celle qu'assuraient les grands troupeaux. » Longtemps, l'auteur du *Mystère Frontenac* évoquera la source inépuisable d'inspiration des landes girondines, de la grande lande, « ce pays perdu où les routes ne mènent à rien ni nulle part ».

Dès la petite enfance, François Mauriac évolue dans une atmosphère essentiellement féminine et religieuse. Claire Mauriac se considère comme comptable du comportement et de la destinée de ses enfants devant Dieu. Dans la famille, c'est l'enchaînement des événements liturgiques qui contribue au grand ordonnancement de la vie et préside aux choix essentiels. Le plus jeune des cinq enfants souffre à l'excès de devoir être séparé de sa mère. Lorsque Claire le confie au jardin d'enfants de la rue du Mirail, gouverné par sœur Adrienne, la cruauté de l'univers qu'il découvre le saisit d'effroi. La violence de ses semblables l'abandonne à sa propre fragilité, qu'il perçoit comme une infirmité et qu'il aura le génie de dominer, en parvenant à en faire une richesse. Certes, le sentiment du plus grand désarroi le maintiendra durablement à une sage distance des autres. Comme André Gide, il sublimera sa différence dans la recherche d'un absolu, dont il s'approchera peu à peu, à mesure de la construction de son œuvre. Dans cette quête, qui est celle de toute une vie, il aurait sans doute aspiré à dire, lui aussi, comme Maurice Barrès, dans *Sous l'œil des barbares* : « Ô maître, dissipe la torpeur douloureuse, pour que je me livre avec confiance à la seule recherche de mon absolu. »

Près de soixante-dix ans plus tard, se souvenant de

ces heures sombres et froides, il trouve quelques formules simples, candides comme des paroles d'enfant, pour rendre compte de sa profonde solitude. Sans acrimonie, par peur de s'abîmer lui-même en dénigrant trop son passé, il évoque, dans ses entretiens radiophoniques avec Jean Amrouche, les religieuses de la rue du Mirail « qui étaient de très bonnes filles dont on ne pouvait pas dire qu'elles fussent tendres ». Il raconte les matins glacés, dans la maison de la grand-mère Irma Coiffard, lorsqu'il fallait enfiler des chaussures trop petites, provoquant des engelures, et marcher longtemps, jusqu'à l'institution marianiste de la rue du Mirail, pour y retrouver des enfants s'adonnant à des jeux dont la rudesse le heurtait. C'est en effet avec le plus grand effroi, comme si la scène venait de se produire, que Mauriac parle de la « balle aux chasseurs », de ses camarades se bousculant virilement dans la cour de récréation et le laissant désemparé, effarouché comme un animal vulnérable. Avec le souci de nous restituer une ambiance qui le prenait à la gorge, il nous fait respirer à plein nez ces effluves de chlore qui symbolisaient son malheur et lui donnaient la nausée, lorsqu'ils saturaient les latrines de l'école.

Pendant ces longues journées où il se tient loin d'elle, le très jeune fils n'aspire qu'à retrouver sa mère, le soir venu, au coin du feu. On l'imagine se pelotonnant dans ses jupes, pour se réassurer de sa tendresse. Mais Claire éduque ses enfants rigoureusement et ne les dorlote guère. Son omniprésence est possessive et surexpose la sensibilité de François Mauriac à toute chose, importante ou dérisoire, transformant les tourments de l'enfance en une inextinguible source d'inspiration. Déjà chez Baudelaire ou Rimbaud, chez Gide également, la présence maternelle avait contribué à féconder une approche poétique du monde, dont Mauriac se plaisait à souligner la tendance romantique. Élevé par son père, Blaise Pascal avait en revanche engendré une somme philosophique, où la sensibilité semblait avoir été cantonnée par la rigueur implacable d'une pensée. De ces distinctions je me méfiais, par principe, les trouvant trop sommaires, mais Mauriac dans certaines de ses confidences y faisait allusion, non pour réduire à presque rien des choses essentielles, mais pour dire à quel point avait été déterminante pour lui l'ambiance dans laquelle sa personnalité s'était forgée.

Ce qui m'a le plus profondément bouleversé, en lisant les premiers romans, c'est la poésie qui naît de la sincérité désarmante du narrateur, évoquant sa jeunesse, et qui transparaît dans les entretiens consentis par lui à quelques confidents privilégiés. Sa voix inaudible, froissée comme un feutre usé, son propos s'éreintant à trouver le mot juste, un son radiophonique imparfait, parfois grésillant, restituent à l'auditeur la vulnérabilité d'un éternel enfant ou des émerveillements saturés de nostalgie.

Cette fragilité affleure partout. Elle surplombe toutes les contradictions d'un être par l'alchimie de la poésie, contribuant à son unité et à la naissance, autour de lui, d'un univers. François Mauriac, comme Baudelaire auquel il s'apparente, est l'homme d'un récit, qui puise aux intarissables fontaines de la lointaine enfance. Par touches successives et subtiles, des impressions demeurées intactes nous sont restituées, comme des fragrances d'antan qu'un flacon aurait libérées. Des éléments en apparence dissemblables se mêlent, jusqu'à faire naître un monde unique, incomparable à tous les autres et pourtant si vrai, avec ses paysages immuables et ses personnages tourmentés.

L'écrivain contemple une campagne qui n'a pas bougé depuis l'Ancien Régime, où certains paysans ne parlent que le patois et où les mœurs sont les mêmes depuis la Révolution. Les étés à Saint-Symphorien ou à Malagar invitent à l'abandon au contact de la nature. Tout n'est alors que sensualité et sensations, comme nous le révèle Mauriac dans *Commencements d'une vie*: « le ruisseau appelé la Hure, et ce qu'il traîne après soi de brouillards flottants et de prairies marécageuses, dispensait, le soir, une fraîcheur dangereuse qu'au seuil de la maison nous recevions, immobiles, et la face levée. Cette haleine de menthe, d'herbes trempées d'eau s'unissait à tout ce que la lande, délivrée du soleil, fournaise soudain refroidie, abandonne d'elle-même à la nuit: parfum de bruyère brûlée, de sable tiède et de résine – odeur délicieuse de ce pays couvert de cendres, peuplé d'arbres aux flancs ouverts: je songeais aux cœurs que la grâce incendie et qui ont choisi de souffrir ».

La communion entre le corps et l'esprit on la

retrouve, une nouvelle fois, dans le très beau poème *Le Sang d'Atys*, où elle rencontre la lumière blanche et libératrice de l'éternité. Ce n'est toutefois pas par la poésie que François Mauriac va à la nature. Ainsi qu'il le reconnaît lui-même, son enfance est tellement liée à la terre et « imprégnée de toutes les impressions des saisons » que c'est bien la nature qui est première chez lui. C'est elle qui l'émeut et le saisit, jusqu'à faire naître la légende d'un panthéisme mauriacien, nourrie de son admiration pour le poète Maurice de Guérin ou pour son ami André Lafon, « qui n'attendait rien que de la nature et y goûtait un bonheur parfait », comme se plaît à le rappeler François Durand, dans la très belle préface qu'il consacre aux œuvres autobiographiques de François Mauriac dans la Bibliothèque de la Pléiade. Plus tard, se penchant sur sa foi profonde et sur les questions essentielles qui le taraudaient, l'écrivain bordelais avouera s'être beaucoup tourmenté au moment de la fête chrétienne de Pâques, écartelé qu'il était entre la joie spontanée du printemps, lorsque tout recommence à éclore, et la célébration du martyre du Christ sur la croix.

La souffrance, opposée au plaisir presque sensuel de la nature, est ce par quoi l'inspiration lui vient : « Quand je pense à mon enfance, je m'aperçois que j'étais déjà un écrivain par la manière dont je tirais parti de mes chagrins et de mes tristesses », explique François Mauriac à Jean Amrouche au cours de leurs conversations. Sa complexion, comme son tempérament, le pousse à transformer en permanence ses malheurs en une jouissance féconde, mais de ce tumulte intérieur, de ce bouillonnement d'impressions et de sentiments contrastés, il retient aussi bien les épreuves qui l'atteignent que les moments de lumière et de grâce. L'éblouissement occasionné par la beauté des chevaux du cirque Plège, qui se produisait chaque année à Bordeaux, suffisait à faire son bonheur et saturait son imagination de couleurs chatoyantes et de démonstrations équestres, fougueuses et brillantes. Les discussions sans fin avec ses cousines qu'il adorait, dans la nature de Saint-Symphorien, le long des ruisseaux ou à l'ombre des pins, le forçaient à reconnaître qu'il avait été un enfant beaucoup plus heureux qu'il ne le serait jamais adulte. Mais il y avait aussi la rudesse austère et cruelle du pensionnat, à partir du mois d'octobre, après l'arrachement au cocon familial : la solitude dans le dortoir, les larmes qu'il versait, les railleries de ses camarades, tout cela entrait dans cet amoncellement de blessures intérieures, où il devait plus tard puiser l'inspiration de son œuvre. Sans doute y avait-il aussi, dans cette relation particulière qu'il entretenait à lui-même et où dominait la conscience de sa propre vulnérabilité, une cinglante lucidité face à son physique malingre, à sa paupière abîmée par un accident de jeu, qui le faisait surnommer *Coco-Bel-Œil*. Cette différence, si perceptible à son cœur, nourrissait un complexe auquel venait s'ajouter le sentiment de l'injustice. À l'école, dans les petites classes, le jeune élève n'était pas de « ces garçons bouclés et charmants » qui finissent généralement parmi les premiers et il lui fallut attendre la sixième pour que, les succès scolaires aidant, il commence à devenir moins malheureux. Ce qui émanait de son être et qu'il semblait porter comme une croix, l'obligeait à se hisser toujours plus haut. Pour s'abstraire des agressions extérieures, qui résultaient autant de la cruauté légendaire des enfants que de son hypersensibilité, il se réfugiait dans la lecture. Plongé dans *Saint-Nicolas*, *Le Petit Français illustré* ou les morceaux choisis des romans de Jules Verne ou de Zénaïde Fleuriot, il s'abandonnait à ses rêves, s'isolant du monde des heures durant et saisissant des occasions d'échappées belles, qui le laissaient en harmonie avec lui-même, aux portes de son univers poétique.

En visionnant quelques images d'archives, précieusement conservées sur le site de l'Institut national de l'audiovisuel, on retrouve un vieil homme espiègle, un brin mélancolique et qui parle du temps lointain de son enfance, comme s'il venait tout juste de prendre fin. « C'est long, vous savez, la jeunesse ! » s'exclame-t-il un jour, comme pour se justifier d'avoir si longtemps vécu. Puis s'égrènent les souvenirs. Cette voix, immuable, venant des profondeurs, hésitante et fragile, trébuchant souvent sur les mots ou cherchant dans la densité de leur nombre le plus juste, raconte le moment tant attendu de Noël et des « belles étrennes », après lesquelles « on ne recevait plus rien ». Dans ce récit d'une époque révolue, où les périodes d'enchantement étaient comptées, affleure la critique des temps présents, celle tendre et sévère des petits-enfants, qui préfèrent le cinéma à la lecture et que gâtent trop de cadeaux. Le vieil homme déplore alors la perte du sens de la rareté des choses et de l'incommensurable bonheur de l'attente. Le conservateur se révèle ainsi, dont le classicisme pourrait nous le faire apparaître prévisible et un brin « raseur », mais dont la capacité d'indignation, intacte tout au long de sa vie, le dresse régulièrement face à l'injustice en le figeant à tout jamais dans la révolte de l'enfance. Armé d'un jugement certain, il scrute son passé avec un regard implacable. De ces mouvements contradictoires, qui le soulèvent et le déchirent depuis toujours, de cette mélancolie qu'il sculpte, comme une matière vivante, il fait la source sombre et bien gardée de sa profonde unité.

II

LA NAISSANCE D'UN POÈTE

Lorsque je cherche à reconstituer l'atmosphère de mes jeunes années, je revois les futaies avec leurs pins et leurs chênes élancés qui formaient, entre Senlis et Ermenonville, de vastes domaines. Le long des allées forestières, où nous nous promenions en bandes bruyantes, à pied ou à bicyclette, prospéraient de hautes fougères qui déroulaient à l'infini un nuancier de verts sombres et profonds. Les rayons du soleil irisaient la canopée, à l'automne ou au commencement de l'été, rendant évanescentes toutes les formes, comme dans une divagation nervalienne. Parfois, à proximité d'une clairière, le paysage se dégradait en landes mauves siliceuses où dominait la bruyère.

À Senlis, les rues pavées, étroites et sinueuses desservaient des maisons d'apparence austère, dissimulées comme des secrets et dont on ne pouvait découvrir les très beaux jardins qu'après avoir poussé une porte anodine. Si la chance nous était donnée de pouvoir le faire, on goûtait presque toujours à l'exquise poésie d'un lieu unique, imprégné de l'esprit de ceux qui l'avaient habité. De ces belles demeures on déménageait rarement, car il était d'usage de les transmettre de père en fils, comme pour enjamber la mort, avec la douce certitude de l'éternité.

Au hasard d'une déambulation, on pouvait découvrir la chapelle royale Saint-Frambourg puis, quelques dizaines de mètres plus loin, sur la place Notre-Dame, la cathédrale, flamboyante comme ses flèches l'adressant tout entière au ciel et à Dieu. Dans cette ville royale, qui ne comptait que quelques milliers d'habitants, trop d'églises avaient été érigées au fil du temps, dont certaines étaient désormais à l'abandon, même si toutes semblaient veiller au respect d'une immuable tradition, celle dont la monarchie, longtemps, avait été la gardienne. De cette ville qui m'avait procuré tant de bonheur, en donnant à mon adolescence le décor romantique du Valois des *Filles du feu*, j'aurais pu dire en la quittant, comme François Mauriac parlant de Bordeaux, que je m'y sentais étranger.

Je ne sais si on peut affirmer sa liberté et embrasser pleinement son destin, sans larguer les amarres de son port d'attache, ni s'il est possible de considérer les lieux de sa prime jeunesse autrement qu'en s'y sentant à l'étroit, si toutefois on a pour soi-même quelque ambition. À cette question, Mauriac répondait à sa manière, en cultivant élégamment sa singularité et en faisant synthèse de ses contradictions. Dans ses conversations avec Jean Amrouche il déclarait : « Ce n'est pas dans ma famille que je me sentais différent, mais au collège et à Bordeaux… Tout ce par quoi je valais ne comptait pas à Bordeaux et toutes les valeurs qui comptaient à Bordeaux, me faisaient cruellement défaut. Moi qui suis né dans un port, j'ai été peu appelé par les ailleurs. J'ai été appelé par les êtres... Chacune des grandes personnes de mon enfance faisait partie d'une vaste histoire qui me passionnait... Je vois mon enfance comme une histoire aux chapitres innombrables, avec des personnages apparaissant de façon extrêmement marquée. »

L'adolescence est sans doute le moment où François Mauriac scelle son destin de poète, en laissant s'épanouir en lui un univers auquel sa très grande sensibilité l'éveille depuis l'enfance. Dans une matière dense et incandescente comme la lave d'un volcan, il façonne un monde tourmenté. Commence alors une traque sans trêve ni pause, qui se poursuivra avec ses lecteurs bien au-delà de son dernier souffle, celle des âmes égarées par la détresse et des secrets enfouis au plus profond de personnages de roman dont les vies sont dissimulées. Une œuvre naît, d'abord inspirée par l'hypocrisie d'une société conservatrice, qui vit recluse derrière le mur des apparences, mais à laquelle les drames finissent par donner un éclat singulier : celui du mystère de la vie des autres qui s'y révèle, comme dans *Le Désert de l'amour*, où Paul Courrèges et son fils Raymond découvrent trop tard qu'ils ont partagé une même et dévorante passion pour une jeune femme entretenue, qui se nomme Maria Cross et que la bourgeoisie bordelaise tient dans le plus grand mépris.

Plus tard, l'écrivain confessera que s'il avait dû donner un titre unique à l'ensemble de son œuvre, c'est sans aucun doute celui de ce roman abouti qui l'aurait inspiré. Composé au cours d'un été étouffant à Saint-Symphorien, alors que son fils Claude est malade et qu'il s'en trouve affecté, il raconte l'hypocrisie d'une société avec ses codes et son étroitesse d'esprit, se dressant comme les barreaux d'une prison autour de personnages raciniens. Impuissants à échapper à leur propre destin, ils voient leurs vies s'étrécir jour après jour, dans ce Bordeaux aride et minéral du début du siècle dernier, devenu le symbole d'un monde moribond, où règnent « les grandes lois de l'église, de la propriété et de la famille ». Raymond Courrèges a-t-il quelques-uns des traits de l'adolescent que fut l'auteur du *Désert de l'amour* lui-même, au sortir de l'enfance ? En est-il le prolongement, habité par ce même désir de rupture qui un jour de septembre 1907 poussa François Mauriac au grand départ vers Paris ? Dans *Le Désert de l'amour*, la mémoire exhume, convoque et tisse des correspondances et les livre à la prosodie de phrases alanguies, comme les litanies d'un chant grégorien : « L'été qui vint alors fut celui où Raymond Courrèges eut dix-sept ans. Il se le rappelle torride, sans eau, et tel que depuis nul autre n'accabla de ce ciel intolérable la ville pierreuse. Et pourtant il se souvient de ces étés à Bordeaux, que des collines défendent contre le vent du nord et qu'assiègent jusqu'à ses portes les pins et le sable où la chaleur se concentre, s'accumule,

– Bordeaux, ville pauvre en arbres, hors ce Jardin public où il semblait aux enfants mourant de soif que, derrière les hautes grilles solennelles, achevait de se consumer la dernière verdure du monde. Mais dans son souvenir, peut-être Courrèges confond-il le feu du ciel, cette année-là, et la flamme intérieure qui le dévastait ».

Les tourments de l'adolescence, les tumultes qu'ils engendrent en faisant éclore des êtres transfigurés par la passion, parfois jusqu'à la haine, ont inspiré les écrivains d'une époque, d'Alain-Fournier à Raymond Radiguet, en passant par André Gide et Mauriac lui-même… Il y a dans la transition plus ou moins violente d'un âge à l'autre, lorsque le caractère s'affirme, une période rendant tous les destins possibles et où la souffrance souvent domine. Avec le temps qui passe, les liens ne se brisent pas, qui nous relient à notre passé. Parfois, ils contribuent même à suturer entre elles des connivences. Dans la lettre qu'il adresse à l'auteur bordelais pour le remercier de l'envoi de son livre *Préséances*, Marcel Proust cite Chateaubriand : « Rompre avec les choses réelles, ce n'est rien. Mais avec les souvenirs… » Comme s'il s'agissait, en écrivant cette phrase en apparence anodine, de lever le voile sur les secrets de fabrication les mieux gardés des plus considérables chefs-d'œuvre, fécondés à la confluence de la mémoire et de la poésie. François Mauriac revendiquera tout au long de sa vie son statut de poète. En écoutant ses entretiens radiophoniques, on l'entend souvent répéter : « Au départ j'étais un poète. Mon don est un don essentiellement poétique… je suis un poète devenu romancier. » Dès la prime jeunesse, il sait que ses souvenirs et ses chagrins constitueront le ferment de ses livres. Il devine que c'est par l'alchimie de son regard venant de loin et disséquant ses émotions, comme s'il s'agissait de celles d'un autre, qu'il participe à la douloureuse gestation de son art.

Au sein de l'institution Sainte-Marie de la rue du Mirail, où il avait très tôt rejoint ses frères, il a pu découvrir sous la férule des pères marianistes les rigueurs d'un enseignement religieux sur lequel veillait scrupuleusement sa mère et auquel il imputait cette conscience aiguë du malheur, dont il commençait à faire l'expériencc. Il y avait là des professeurs à la sévérité humiliante et une promiscuité, au collège, qui lui faisait horreur. Pour ne pas avoir à subir la meute turbulente où s'égayaient les élèves plus âgés, il s'isolait. Dans ce monde hostile et pour des raisons qui tenaient à sa nature, Mauriac s'enivrait du sentiment d'une solitude extrême. Au plus profond de son être, il jouissait de sa relégation. Déjà, il savait qu'il était différent. Il vivait en permanence avec le sentiment de la culpabilité et l'effroi de la fréquentation du péché. Évoquant ces années, où le malheur avait fécondé sa créativité, Jean Lacouture décrit d'une plume précise l'ambiance dans laquelle s'écoule l'enfance de l'auteur du *Sagouin* : « piété convulsive, dévotion obsessionnelle, dues à ce qu'un proche devait appeler un jour la "dictature religieuse" ou la "rigueur jalouse" de Madame Mauriac. François s'interrogera plus tard sur l'authenticité chrétienne d'une telle éducation. Dans la préface écrite en 1927 pour *Les Mains jointes*, il dénoncera avec une sorte de fureur rétrospective une formation, qui faisait de la couronne d'épines, le premier jouet d'un enfant tel que lui ». Une vie durant, il pointera l'étroitesse du jansénisme de ses premières années, si bien que son adolescence, sans jamais l'inciter à la révolte, le libérera des angoisses dont il était depuis trop longtemps la proie, en lui ouvrant de nouveaux horizons.

Comme Raymond Courrèges, François Mauriac sent naître en lui, à l'approche de ses quinze ans, la possibilité d'un chemin. C'est comme si tout ce qui l'avait entravé jusqu'alors devenait ce par quoi il parviendrait à se hisser au-delà de lui-même, en donnant toutes ses chances à son destin.

S'exprimant sur ce qu'il éprouve à l'époque et cherchant à faire la part des émotions contradictoires qui le traversent, il évoque à la fois ce sentiment d'infériorité, qui semble le condamner à l'introversion, et cet immense orgueil, dont il prend soudainement conscience et qui lui donne l'intuition d'un avenir fait d'honneurs et de gloire personnelle. Dans ce qui pourrait apparaître comme la manifestation d'une insondable confusion intérieure où l'emporteraient les contradictions, il trouve un chemin. Les blessures encore visibles, comme les tristesses éprouvées, deviennent alors le sillon d'une œuvre qu'il pressent. Et la volonté d'en porter haut l'ambition, en s'y donnant corps et âme, s'affirme comme le sens donné à toute une vie.

C'est au collège Grand-Lebrun que le jeune adolescent commence à se libérer des chaînes qui l'entravaient. Il y a d'abord, comme souvent avec Mauriac, l'influence ou la magie des lieux : un décor, une atmosphère peuvent adoucir l'existence et laisser passer peu à peu une lumière apaisante. Les pères marianistes ont décidé de s'installer à Caudéran, aux portes de Bordeaux, dans une vaste bâtisse du XVIIIe siècle, posée au milieu d'un parc où des arbres centenaires, de leur ombre portée, protègent les élèves des suffocantes chaleurs qui s'emparent de la ville à l'approche de l'été. Ici, l'héritier des propriétés opulentes des Landes et de Gironde – où le bonheur s'identifie aux jeux que des enfants s'inventent dans des vignes saturées de soleil ou dans l'enivrante et poussiéreuse torpeur des forêts de pins – retrouve des repères qui lui sont familiers. La nature y a gagné sa place, comme par effraction, donnant à « la ville pierreuse » un jardin qui exhale des parfums d'herbe et de feuilles lavées, comme si le vent les avait charriés jusqu'au cœur de la ville, du tréfonds de la campagne langonnaise. Il n'en fallait pas davantage pour que le jeune collégien bordelais se sente accueilli en ces lieux, où de nouvelles rencontres devaient encourager sa passion naissante pour le théâtre et la littérature.

Ses goûts et ses inclinaisons le conduisent à se distinguer rapidement dans les disciplines littéraires. Son professeur d'histoire, l'abbé Timmel, l'encourage lorsqu'il lui confie : « Avant tout, François, vous êtes un poète. » Alors qu'en français il obtient de nombreux premiers prix, suscitant l'intérêt et l'admiration de ses professeurs, il écrit d'abord un journal, puis des poèmes dont les textes, à peine corrigés, constitueront l'essentiel du manuscrit des *Mains jointes*.

Parmi les maîtres dont le rôle sera déterminant pour la formation intellectuelle de François Mauriac et la révélation de sa sensibilité poétique, figure l'abbé Péquignot. Ses leçons sur Pascal et Racine constituent un modèle d'enseignement humaniste. Au crépuscule de sa vie, Mauriac évoque avec une déférence intacte l'autorité exercée par le professeur sur ses élèves et l'impact de sa pédagogie. Dans la biographie qu'il a consacrée à l'écrivain bordelais, Jean Lacouture exhume des souvenirs surgis d'un passé lointain. Il reprend fidèlement les mots utilisés par l'auteur de *Commencements d'une vie* pour évoquer « l'apparence décharnée et spectrale d'un homme myope, jusqu'à la cécité », qui savait transmettre aux élèves le goût des idées et faire des auteurs inscrits au programme des créatures vivantes. On peut donc aisément imaginer que c'est à Grand-Lebrun que s'organise la découverte décisive de l'œuvre de Racine, dont l'influence sur l'auteur de *Thérèse Desqueyroux* sera considérable. Se référant aux deux auteurs que les siècles séparent, Jean Amrouche s'aventure à construire un pont entre eux. Il loue dans ses entretiens radiophoniques « une langue pure et cependant brûlante, un lyrisme contenu et d'autant plus puissant qu'il est discret, une profession du récit inexorable comme la fatalité, des silences profonds, le silence des eaux profondes ». Plus tard, Mauriac, qui se dit davantage appelé par les êtres que par les ailleurs, revendiquera la filiation entre les personnages de ses romans et les héros des tragédies de Jean Racine. Plus que nul autre, il sait « le poids de la destinée qui écrase l'homme ». Le romancier engendre en effet des êtres dont les cœurs et les âmes sont depuis trop longtemps asséchés par la haine tenace dont ils sont incapables de se délivrer. Les plus tourmentés d'entre eux connaissent une fin en tout point semblable à ce que fut le désastre de leur vie.

Dans *Le Nœud de vipères*, Louis, vieillissant, donne le sentiment de s'adoucir au moment où l'ultime vérité s'approche de lui. Mais, comme les héros tragiques, il ne sait pas qu'il est condamné à emporter dans la mort son indépassable solitude. À la fin du roman, il quitte Bordeaux pour rejoindre Paris où vit son fils naturel qu'il méprise, avec le projet de lui léguer sa fortune en déshéritant tous ses autres enfants. Au moment du départ, il ne se retourne pas vers sa femme dont les suppliques, pour qu'il reste à ses côtés, le laissent de marbre. Il ignore alors qu'il ne la reverra pas et qu'il demeurera meurtri pour avoir prolongé d'un silence éternel l'incommunicabilité des sentiments qu'il lui portait. Alors qu'il pensait partir le premier, le voilà pris à son propre piège : face au vide sombre et glacé où il se tient désormais, seul face à lui-même, il est trop tard pour s'expliquer et se retrouver enfin. Louis a consigné dans un cahier intime, à l'écriture duquel il s'acharne, tout le ressentiment que sa famille lui a inspiré, sa vie durant. La tête penchée sur cet ouvrage funeste, au moment où la mort le surprend, il ne peut plus rien occulter de son existence détruite. Le récit de sa souffrance, abrupte comme ses jugements, ne lui appartient plus. En ultime héritage, il laisse ce journal très personnel avec ces mots qui claquent et claquemurent ses enfants dans leur condition d'êtres blessés. Lorsque se fige pour toujours son destin tragique, le temps lui glisse entre les doigts. Comme le sable brûlant de la forêt landaise, il ajoute encore à son drame intérieur, en transformant son petit tas de secrets en un petit tas de cendres.

C'est avec cette violence à peine contenue que le romancier « jette une torche dans nos abîmes », en exhumant des ténèbres ces fragments de vérité que le jeu subtil des apparences sociales et des attitudes convenues cherche à dissimuler. Pour rencontrer le héros mauriacien, il faut se résoudre à puiser à ces sources pures, nichées très haut sur le flanc des collines, et se préparer à gravir des pentes arides. On comprend mieux le message que François Mauriac nous fait passer, lorsque au tout début du manuscrit de *Thérèse Desqueyroux*, il met en exergue la phrase sobre et sans appel de Thomas Mann : « Certains êtres s'égarent nécessairement parce qu'il n'y a pas pour eux de vrais chemins. » Perdus depuis longtemps, ils sont devenus inaccessibles, où qu'ils se trouvent, et nul ne réussit plus à les atteindre, ni à changer le cours de leur destin. L'enfant du Blayais, l'écrivain et l'ami de François Mauriac André Lafon, dont l'existence trop brève a inspiré *La Vie et la Mort d'un poète*, semble interroger lui aussi, à sa manière, la relation très singulière du tragédien à lui-même – et dans une certaine mesure à ses propres créatures – lorsqu'il écrit : « c'est si peu nous qui faisons notre vie ».

La lecture des romans de Mauriac se poursuit tout au long de mon adolescence, dans une petite bibliothèque publique, sise place Saint-Pierre à Senlis, à quelques pas de la cathédrale monumentale dont les murs épais exhalent un parfum de sacristie. Un soir d'hiver, à la fin des années soixante-dix, un concert donné par l'organiste Jean Guillou fait résonner sous les voûtes flamboyantes les toccatas de Jean-Sébastien Bach. La musique s'empare du chœur tout entier. Elle fait frissonner les âmes et parvient à occulter les odeurs entêtantes d'encens et de pierres moisies, que l'immense édifice retient de toute éternité. Non loin de moi, un adolescent de mes amis semble être en proie à une insondable détresse. Ne sachant de lui que peu de chose, il m'est difficile de deviner l'origine de son tourment. En scrutant son visage dévasté, englouti par un regard absent, je touche à l'étrange et glaçante densité du néant.

Durant de longs mois, après le suicide de ce jeune garçon, mes pensées sont occupées par la tragique fin du *Sagouin*, qui décide d'interrompre son calvaire d'enfant en guidant son père jusqu'à la rivière pour s'y noyer avec lui. Par quel processus mystérieux des êtres se trouvent-ils sous l'emprise de la « machine infernale » qui les pousse inexorablement vers leur fin, après que tous les fils des passions et des haines dont ils sont devenus le jouet ont fini par former le nœud gordien, qui lentement se serre et les asphyxie, en les privant de toute faculté de mouvement ?

Parmi les principales figures des romans de Mauriac, dont la noirceur et la violence des sentiments nous impressionnent et nous captivent, combien ont été libres de leurs choix et en maîtrise – ne serait-ce qu'un court instant – de leur existence ? La question n'est pas anodine de la relation du romancier aux personnages qu'il crée et de la part de liberté qu'il est disposé à leur consentir. La Thérèse de *La Fin de la nuit*, qui choisit de mourir loin d'Argelouse, est-elle aussi libre que l'empoisonneuse des débuts, recluse dans la propriété des Landes, puis exilée dans un Paris lointain par un mari hostile, incapable de rien pardonner et qui par son inhumaine dureté consacre son statut de victime ?

Dans *Thérèse Desqueyroux* affleurent la figure de Phèdre, la question lancinante de la prédestination, « la démonstration de la connexité entre le crime et le salut » et de la « prééminence de la famille sur l'individu ». Pour les lycéens de ma génération, la question du libre arbitre du héros racinien et plus généralement des grandes figures du théâtre tragique, constitue un objet d'étude. Plus tard, je découvrirai la dimension polémique des débats soulevés par Jean-Paul Sartre, au moment où le jeune écrivain publie dans la NRF, en février 1939, un article intitulé « François Mauriac et la liberté ». La charge à l'encontre de l'écrivain catholique est méthodique et violente. Le réquisitoire contre Mauriac produit d'autant plus d'effets que Sartre revendique l'absolue liberté des créatures romanesques et fait le constat de « la toute-puissance » et de « l'omniscience » de celui qui les a engendrés. En résumant les termes du débat, Jean Lacouture écrit : « Raskolnikov peut être libre d'agir, mais Dostoïevski sait tout de lui et de Porphyre ».

Pour donner à l'accusation sa pleine puissance, l'auteur du *Mur* et de *La Nausée* pose comme principe que la liberté des personnages se mesure à l'aune de l'imprévisibilité de leurs actes et que le romancier ne peut être à la fois « leur témoin et leur complice » en se plaçant simultanément en dehors et au-dedans de leur propre existence. Et d'écrire dans l'article de la NRF, avec une implacable dureté : « Jusqu'ici Thérèse était pour nous une *chose* (...) une *fatalité*. Or voici qu'on nous la présente comme libre, cette sorcière, cette possédée (...) pour M. Mauriac, la liberté [n'est qu']un pouvoir d'échapper à soi. [Elle] ne saurait *construire* (...). Le libre arbitre n'est qu'une puissance discontinue qui permet de brèves évasions (...) Thérèse est prévisible jusque dans sa liberté. (...) ses ascensions et ses chutes ne m'émeuvent pas beaucoup plus que celles d'un cafard qui s'obstine stupidement à grimper au mur. »

La diatribe ne cherche pas seulement à détruire la substance de l'œuvre romanesque. Elle prétend aussi débusquer les artifices ou les trucages, en recourant si nécessaire à l'outrance, qui est censée donner du relief à la plaidoirie, bien qu'elle en affaiblisse grandement la portée. C'est ainsi que François Mauriac est accusé de ne pas maîtriser le temps long du roman et de s'en trouver réduit à n'écrire que des fragments, où « l'essoufflement du rythme dissimule des pannes d'inspiration », des glissements vers des facilités coupables, comme celles qui conduisent les personnages – notamment la Thérèse de *La Fin de la nuit* – à parler comme au théâtre, à la manière des créatures vulgaires des « auteurs comiques du XVIIIe siècle ». Bref, dans l'exaltation des coups portés avec application, pour toucher sa cible, une idée domine la démonstration de Sartre, qu'il résume en une interrogation cruelle : pourquoi l'auteur sérieux n'est-il pas parvenu à atteindre son but ? Sans doute parce que « Monsieur Mauriac s'est préféré ». Parce qu'« il a choisi la toute-connaissance et la toute-puissance divines. Mais un roman est écrit par un homme pour des hommes. Au regard de Dieu, qui perce les apparences sans s'y arrêter, il n'est point de roman, il n'est point d'art, puisque l'art vit d'apparences. Dieu n'est pas un artiste ; M. Mauriac non plus », écrit celui qui s'est érigé en redoutable polémiste.

Vingt ans plus tard, Jean-Paul Sartre adoucira son propos en admettant que la première qualité d'un roman est l'intérêt qu'il suscite, et relativisera la portée de ses jugements sévères sur les moyens auxquels recourent parfois les écrivains pour produire leurs effets. Entre-temps, Mauriac aura esquissé son autocritique, à sa manière, sans avoir l'air d'y toucher. Il écrira notamment : « Si Thérèse, dans le premier ouvrage qui porte son nom, s'est imposée à moi, c'est moi qui m'impose à elle dans *La Fin de la nuit* ; et ce n'est pas un hasard si Jean-Paul Sartre, pour mieux m'accabler, a choisi précisément ce livre. » Mais, pour celui qui veille sur Thérèse depuis toujours, l'essentiel n'est pas là. Car la source de ses récits n'est pas celle où les cruelles saillies de son contempteur puisent leur inspiration, ni les critiques dont il est l'objet leur force. Il y a dans la relation du créateur à son héroïne quelque chose d'inaltérable et peut-être même d'aliénant, qui résulte de ce sentiment profond de relégation psychologique qu'ils éprouvent l'un et l'autre et qui s'explique par la conscience élevée qu'ils ont de leur singularité. Dans la solitude où ils se trouvent, et bien que seuls face à la souffrance qui les mine, ils goûtent à la noblesse de cette condition où une sensibilité extrême les a placés. C'est ce constat lucide qui conduira François Mauriac à avouer à la fin de sa vie : « En un sens, Thérèse Desqueyroux c'est moi, j'y ai mis toute mon exaspération à l'égard d'une famille que je ne supportais plus. »

La tristesse lancinante du romancier bordelais ressemble aux alluvions d'un fleuve large et limoneux, formant de belles et vastes bandes de terre, qui émergent à son embouchure, là où se mêlent à une eau jaune et tumultueuse des matières sédimentées au fil du temps. Ce fleuve est condamné à ne connaître jamais aucun répit. Tout dans l'œuvre de François Mauriac témoigne d'une douleur vive, qui vient de loin et que rien ne pourrait étancher, à l'exception peut-être de l'écriture poétique, dans son inlassable tentative de sublimation du réel.

« Je suis très touché du désir que vous avez de parler avec moi de mes poèmes. Mais je suis aussi très étonné, car enfin la place que j'occupe – dans la mesure où j'occupe une place – est celle d'un romancier, d'un essayiste. Mes poèmes m'ont toujours paru comme une sorte de confidence faite à personne, ou à moi-même, ou à Dieu. Mais ce qui me touche ou ce qui m'étonne encore davantage, c'est que vous ne vous en teniez pas aux poèmes que j'ai réunis sous le titre d'*Orages*, c'est que vous soyez remonté jusqu'à ces *Mains jointes*, jusqu'à cet *Adieu à l'adolescence*, qui ont marqué mon entrée dans la vie littéraire et que j'ai personnellement toujours considérés comme écrits sous l'influence beaucoup trop proche de mes lectures et de mes admirations de la vingtième année, c'est-à-dire de Jammes, du Verlaine de *Sagesse* et j'ai beaucoup de peine à me retrouver moi-même à travers ces influences. » C'est en ces termes et avec un détachement feint que l'auteur du *Sang d'Atys* évoque sa relation à la poésie, à l'occasion d'une émission radiophonique où il se laisse aller au plaisir de la conversation à bâtons rompus. Plus gravement, dans une préface qu'il consacre à son œuvre poétique, il parle

« d'un chant qu'il faut bien entendre » pour mieux le connaître et qui semble surgir du « fond de cette eau endormie où reposent l'anneau de Mélisande et bien d'autres bagues perdues et tous les secrets et tous les remords et toutes les douleurs et tous les songes dont nous nous berçons jusqu'à notre dernier jour ». Dès les premiers écrits affleure cette quête d'une vie entière, où chaque épreuve et les chagrins ressentis constituent le creuset d'une alchimie qui voit la souffrance se transformer en une prosodie étrangement douce à l'oreille, bien qu'elle fût si souvent dure au cœur. Comme c'est le cas pour ses romans, François Mauriac voit sa poésie hautement contestée. Beaucoup de ceux qui n'aiment les vers que s'ils procèdent d'une errance le long de chemins sombres comme des coupe-gorge, peuplés d'êtres pauvres, sulfureux et maudits, lisent *Les Mains jointes* comme la copie d'un élève appliqué, que sa condition de bourgeois catholique protège à la fois du besoin et de cette propension à la transgression, sans laquelle il n'est pas de génie poétique. C'est ici, une fois encore, l'avant-garde littéraire de la NRF qui donne l'assaut, avec une sévérité qui n'épargne rien à celui qui se pense victime de son classicisme, sous prétexte qu'il n'est pas « débraillé ». Plus tard, raillant Cocteau, dont il pointera l'extravagant empressement à vouloir monter à tout prix dans le train Diaghilev, il se définira, non sans autodérision et comme pour forcer le trait, comme un écrivain d'arrière-garde.

Dans sa sévère critique, l'auteur du *Grand Meaulnes*,

Alain-Fournier, très lié aux milieux de la NRF, qualifie de « fiévreuse mais sage » la poésie du jeune auteur bordelais. Il note perfidement qu'« elle ne sue pas d'obéissance, comme celle du premier Rimbaud ». Car celle-ci lui est au contraire « une vertu naturelle ».

L'œuvre de Mauriac est alors présentée comme celle « d'un enfant riche et fort intelligent, qui ne se salit pas en jouant, qui a la croix chaque samedi et qui va à la messe tous les dimanches ». Et pour forcer encore le trait, il ajoute : « les jeunes gens d'aujourd'hui ne lisent pas seulement les bons auteurs que cite M. François Mauriac, leur adolescence s'étant passée dans une inquiétude douloureuse et souvent misérable, parce que tous ne sont pas des jeunes gens riches et croyants ». Avec des mots plus justes et de façon plus mesurée, Albert Thibaudet évoquera la querelle entre les héritiers et les boursiers, lorsqu'il s'agira de rendre intelligibles les débats qui ont agité les principales revues littéraires, au début du siècle dernier.

De l'autre côté du spectre, *Les Mains jointes*, inspiré pour partie par la jeunesse fauchée de Raymond Laurens, un cousin de François Mauriac emporté trop tôt par la tuberculose, vaudra à son auteur d'être adoubé par Maurice Barrès.

Un matin de l'hiver 1910, dans l'appartement qu'il occupe rue Vaneau, une enveloppe lui parvient de la Chambre des députés, qui contient une courte lettre écrite à l'encre violette. Jamais il n'aurait imaginé pouvoir en être le destinataire. Pour lui, c'est un début de consécration. Il pense d'abord à une supercherie, ourdie par son ami Jean de La Ville de Mirmont. Mais très vite il comprend que c'est celui qu'il admire et qu'il considère comme son maître qui lui livre ainsi ses sentiments :

> Monsieur, vous êtes un grand poète que j'admire, un poète vrai, mesuré, tendre et profond qui n'essaie pas de forcer sa voix faite pour nous attendrir sur notre enfance. Je voudrais le dire au public. Voilà comment j'ai tardé à vous envoyer mon merci de ce précieux petit livre, lu, relu depuis quinze jours. Je suis profondément heureux que nous ayons un poète.
>
> MAURICE BARRÈS

François Mauriac ne suscite donc pas l'indifférence, ni celle de ses détracteurs, qui mouchettent leur fleuret ou sortent leur dague pour s'en prendre à sa personne autant qu'à ses écrits, ni celle de ses lecteurs bienveillants ou sincèrement admiratifs qui décèlent, dès ses premiers pas, la promesse d'une œuvre considérable et singulière : les uns comme les autres, animés par des opinions inconciliables et le plus souvent exprimées avec virulence, convergent bien malgré eux pour dresser le portrait d'un jeune homme plein de talent, mais que ses débuts réduisent à sa condition de bourgeois catholique et bien né. Il n'est qu'à lire la critique des poèmes de jeunesse de Mauriac par Maurice Barrès, pour se convaincre qu'il se trouve, dès l'origine, figé dans une réputation, dont il lui sera difficile de se dégager : « J'aime dans ce livre un don charmant de spiritualité, joint à la jeunesse et au goût le plus pur. Un être encore peu formé, avant qu'il ait trouvé une raison d'agir et quelque vigoureu parti pris, laisse vaguer devant nous son imagination. Elle ne va pas volontiers devant elle, mais revient toujours en arrière, un peu craintivement ce me semble, pour écouter et réveiller les voix de son enfance et pour trouver au milieu d'elles de la sécurité. Le jeune poète s'attarde dans ses premiers chemins ; il nous dit toute son enfance recueillie, ses soirs d'écolier déjà songeur dans la chapelle tiède, les longues heures calmes à l'étude, tandis que les moineaux piaillent dans les cours et qu'il s'enchante à lire Lamartine, les grandes vacances avec leur ennui, où l'âme se forme péniblement dans le vieux domaine, le départ de l'étudiant plein de désirs, que sa mère conduit à la gare, la solitude dans les nuits de Paris, près de la lampe studieuse et romanesque. Et naturellement, ce n'est pas le tout d'une jeune vie, mais le tout est exprimé, senti avec la plus aimable délicatesse. Si le poète nous confie des sensations, c'est pour éclairer des sentiments. Beaucoup de mesure, nul mensonge, la plus douce et la plus vraie musique de chambre, rassemblant toutes ses émotions autour d'une pensée centrale catholique. C'est la poésie de l'enfant des familles heureuses, le poème du petit garçon sage, délicat, bien élevé, dont rien n'a terni la lumière, mais trop sensible, avec une note folle de volupté. »

Toutefois si les écrits des débuts révèlent une personnalité appliquée, lisse et sans aspérité, les récits autobiographiques apparaissent au fil du temps comme relevant du jeu de piste : la dissimulation et l'ambiguïté y perdent parfois le lecteur ou le laissent sur sa faim, sauf lorsque celui-ci prend le risque de deviner par lui-même l'extrême complexité d'un être dont le visage ne lui apparaît que par intermittence, et presque exclusivement dans la pénombre.

Ce n'est que longtemps après les avoir lus que je compris l'insondable richesse des récits de François Mauriac et l'écho qu'ils révélaient en moi, de mon propre cheminement intérieur.

III

UNE TORCHE DANS LES TÉNÈBRES

Comme François Mauriac, j'ai souvent cherché dans la lecture le reflet de ma propre existence.

Dans l'émission canadienne intitulée *Le Sel de la semaine* et diffusée en 1969, le Prix Nobel de littérature confiait à un journaliste québécois la relation particulière qu'il avait peu à peu tissée avec les livres, en se laissant porter par eux. Évoquant à quatre-vingt-quatre ans, avec un œil pétillant de malice, la découverte de *Sans famille* d'Hector Malot ou de *L'Île mystérieuse* de Jules Verne, il avouait s'être autant nourri de ces ouvrages que de certains grands textes de la littérature française. Tel un enfant espiègle, il citait notamment *Armelle Trahec* de Zénaïde Fleuriot, un roman qui l'avait à ce point ébloui que, longtemps après l'avoir lu, il ne concevait toujours pas que l'on pût aimer une jeune fille sans qu'elle eût des taches de rousseur… Il disait également regretter que la photogravure se fût peu à peu substituée aux illustrations, à celles de Gustave Doré en particulier, dont les couleurs et la part de mystère qu'elles recelaient l'émerveillaient au moins autant que les grands chevaux du cirque Plège.

Parmi les romans que je lisais, à l'âge où l'esprit se forme, ceux qui éveillaient le plus ma sensibilité me plongeaient dans le monde des adultes, dans les passions qui les consumaient et les désillusions qui les réduisaient au désespoir. Les épreuves qu'ils enduraient faisaient naître en moi les plus vives émotions. Dès l'enfance, la dimension tragique de la vie m'apparaissait comme une évidence. Chez Sophocle plutôt que chez Racine, je fréquentais des êtres courant inéluctablement à leur perte, si bien que le ressort à la fois politique et mythologique de leurs destins brisés se révélait plus déterminant à mes yeux que tous les égarements de l'âme humaine. Pour les héros des tragédies antiques, la question de la grâce ne se posait pas. Tourmentés par des dieux qui se jouaient cyniquement d'eux, ils n'avaient rien à attendre de leur toute-puissance inhumaine. Baptisé dès ma naissance, par atavisme, en vertu d'une conception du catholicisme qui confondait la foi et la superstition, j'avais finalement été tenu à distance de la religion par l'anticléricalisme des milieux laïcs où mon père avait fait ses classes d'instituteur.

Il y avait donc aux sources de mon éducation une culture républicaine très ancrée, celle qui m'avait été transmise et qui avait fini par distinguer mes parents du reste de la famille, dont le conservatisme profond se manifestait le plus souvent sans acrimonie. Dans ce cheminement qu'ils avaient accompli ensemble, ma mère était sans doute la moins portée au compromis, qui rêvait sincèrement de grands soirs, avec des raisonnements qui se perdaient dans les volutes de fumée des cigarettes qu'elle brûlait à longueur de journée. Là n'était pas la seule différence qui séparait la jeunesse de François Mauriac de la mienne. Le milieu de ma naissance était modeste. Ma famille ne possédait rien. Elle avait dû quitter précipitamment l'Algérie, au début des années soixante, avec pour seul viatique quelques objets sans valeur pécuniaire, gardés comme des reliques et qui symbolisaient à eux seuls les jours heureux. Ces déracinés n'avaient plus aucun lieu où ils pussent se sentir chez eux. Aux endroits où ils avaient échoué, on les avait accueillis en intrus, qu'ils fussent d'abord perçus comme des colons, qu'ils n'avaient jamais été, ou jugés plus tard comme de petits Blancs incultes, réduits à néant par une histoire dont ils n'avaient pas compris le sens profond et qui les avait condamnés à l'exode. La nostalgie, oppressante comme un deuil sans fin, n'apaisait pas leurs mémoires meurtries. Aucune des maisons où ils avaient trouvé refuge ne nous offrait ces vastes espaces de landes et de vignes inondées de soleil, ni aucun autre décor d'ailleurs qui aurait pu nous divertir, ou abriter nos souvenirs. Il fallait donc trouver en nous la source où François Mauriac puisait son inspiration poétique. Pour ce qui le concernait et dès son plus jeune âge, un univers bien à lui avait jailli du cœur des propriétés de famille où la nature généreuse s'étendait à perte de vue, imprimant pour longtemps dans sa mémoire d'enfant le souvenir des grandes vacances.

Sans qu'elle se révélât à moi spontanément – car j'étais sans doute trop jeune pour comprendre les ressorts profonds qui s'employaient à m'extraire prématurément de l'enfance –, je sentais qu'une force travaillait à m'isoler de mon milieu, en me faisant subir comme une initiation l'ambiance qui dominait à l'école. La dissipation de mes camarades de classe, turbulents dans la cour de récréation, me laissait livré à moi-même, avec le sentiment d'une indépassable solitude. La fréquentation des adultes et leurs conversations, pourtant très éloignées des préoccupations de mon âge, n'étanchaient pas ma soif de voir le temps s'accélérer, pour qu'il me soit enfin possible de me fondre dans la masse. Mais certains de mes professeurs, que mon attitude exaspérait, affichaient une hostilité qui me laissait le sentiment amer de l'incompréhension, puis celui plus révoltant de l'injustice. Les plus inquiets d'entre eux, qui considéraient ma singularité comme un mal qu'il fallait absolument réduire, cherchaient à circonvenir mes parents.

À cette période de ma vie où la mélancolie dominait, je transformais chaque événement qui m'affectait en une opportunité d'introspection, de laquelle je sortais plus solitaire encore, mais habité de sensations multiples et finalement très douces que les paysages, si mystérieux dans le Valois, avaient éveillées en moi : les brumes nervaliennes, grises et vaporeuses, recouvraient de leur voile fragile la cime des grands arbres de la forêt d'Halatte, qui semblaient surgir fièrement des cieux avec leurs branches nouées, donnant à voir des formes étranges et tourmentées. En les observant, François Mauriac n'aurait pas manqué d'y déceler la main de Dieu.

Lorsque, chaque matin, je partais de Senlis pour me rendre au collège, je ne quittais pas du regard ces alignements de chênes et de hêtres qui défilaient à vive allure sur les vitres de l'auto, comme les images d'un film que l'on y aurait projeté et dont les principaux personnages se seraient tus, laissant leur regard se perdre dans le paysage, comme chez Claude Sautet.

« Sentir le plus possible en s'analysant le plus possible » : cette phrase de Maurice Barrès, qui aurait pu servir d'épigraphe à l'œuvre autobiographique de Mauriac, constituait ce par quoi, à mon insu, je m'ouvrais au monde en me révélant à moi-même. Dans ce cheminement très intime, la lecture de chaque page de *Commencements d'une vie* ou d'*Un adolescent d'autrefois* ajoutait à mon univers intérieur un monde en apparence inaccessible, mais qui faisait pourtant écho à ce que je ressentais profondément. Alors que près de quatre-vingts années me séparaient du vieil écrivain, que son classicisme semblait figer tout entier dans une époque qui n'était pas la mienne, l'intemporalité de ses personnages, les sentiments si universellement humains qui semblaient les animer, même lorsqu'ils révélaient leur noirceur, me les rendaient spontanément familiers. Les grandes landes et les propriétés du Langonnais, la ville de Bordeaux avec sa bourgeoisie arrogante et figée, l'omniprésence des arbres et de la Garonne tout au long de l'enfance, participaient d'une même ambiance, celle dont je cherchais à m'imprégner dans une quête absolue d'enracinement.

Au sujet de son livre consacré à la vie de Jean Racine, François Mauriac avait écrit : « pour tenter l'approche d'un homme disparu depuis des siècles, la route la meilleure passe par nous-mêmes ». En repensant aux années de mon adolescence, j'éprouve aujourd'hui encore l'émotion qu'éveillaient en moi les récits autobiographiques de l'académicien girondin, cette sensibilité exacerbée qui les avait inspirés, ces atmosphères surgies d'un passé lointain ou d'une nature que la distance de la ville avait préservée. Et si tout nous séparait qui relevait du contexte, de la naissance et à n'en pas douter de la complexion, les sentiments qui m'avaient assailli enfant – notamment l'impression d'être incompris –, je les retrouvais dans les passages de ces livres où Mauriac racontait sa jeunesse, sans qu'il me soit vraiment possible de deviner si elle avait été heureuse, ou si au contraire elle ne l'avait pas été. Alors que ma vie était encore à ses balbutiements, il m'était difficile de savoir si affleurerait un jour le sentiment de la nostalgie, car j'étais pour l'heure trop impatient de sortir de l'enfance. Naturellement, je me dirigeais vers les textes qui faisaient écho à mon état, plutôt que vers ceux, davantage de mon âge, qui relataient de grandes aventures ou des voyages fantastiques. Pour que mon attention fût retenue, il fallait des personnages transfigurés par la passion, des paysages, des fleuves, une terre communiant avec eux et un destin possiblement tragique, les projetant soudainement au-delà d'eux-mêmes. Tout dans leur existence ordinaire les avait d'abord exposés à l'ennui. Mais les ressentiments et les secrets accumulés, comme les haines inextinguibles ravalées par toutes ces bouches cousues, les avaient fait sortir de la routine pour les exposer aux lumières les plus crues.

Lorsque François Mauriac faisait semblant de parler de lui-même, en rassemblant ses souvenirs, l'univers intérieur que je construisais au même moment, presque à mon insu, prenait une densité particulière. Ce qui me fascinait, dans les fragments autobiographiques que je dévorais le mercredi après-midi, dans les salles de lecture de la bibliothèque municipale de Senlis, ou plus tard à Cherbourg, lorsque l'administration de la ville me laissait quelque répit, c'était qu'ils ne constituaient pas un tout, dont on aurait pu faire le tour d'une traite. Ce que nous recevions par bribes de l'auteur du *Sagouin* ne le révélait pas. Il avait choisi en toute chose le clair-obscur et celui-ci avait une puissance inédite d'évocation poétique et littéraire : ne jamais tout dire qui eût quelque chose à voir avec la vérité et laisser à celle-ci, malgré tout, la possibilité de se frayer un chemin par elle-même… Ainsi flânait-on dans la jeunesse du romancier brouilleur de pistes, qui nous faisait trébucher sur sa part de mystère, en se jouant de nous, ou en nous laissant livrés à nous-mêmes, dubitatifs et intrigués, sans autre choix que de le suivre, en prenant toutefois le risque de le perdre.

Dans *Commencements d'une vie*, il nous avait déjà dit ce que nous pouvions légitimement espérer de lui, sans chercher à nous dissimuler cet art consommé de l'ellipse, dont il usait et abusait parfois, et qui contribuait à le maintenir dans la pénombre. « Un écrivain a le devoir de s'expliquer sur lui-même. Mais on peut aller très loin sur la vérité sur soi-même sans pour autant se confesser. Je ne suis absolument pas partisan de la confession publique. Nous ne sommes pas seuls sur la terre, comme nous avons une femme, des enfants, des amis, nous pouvons nous livrer sans pour autant tout dire. » Évoquant plus nettement le genre autobiographique, il précisait : « pour peu que l'art apparaisse dans ces sortes d'ouvrage, ils deviennent mensonge ».

Dans *La Vie de Jean Racine*, il portait plus loin encore le fer, émettant un jugement sévère sur ceux qui se trompaient eux-mêmes et abusaient parfois leurs lecteurs, en consignant chaque jour, avec plus ou moins de discernement, leurs sentiments ou leurs souvenirs : « S'il existe un seul homme qui tienne son journal pour son agrément particulier et non pour le siècle futur (et nous doutons fort que cet homme existe), il lui reste toujours quelqu'un à duper et c'est lui-même. L'amour qui a le plus marqué dans sa vie est souvent le seul sur lequel il garde le silence ; et ce qui l'expliquerait tout entier, c'est justement cela qu'il dissimule. » Des diaristes, il se tenait donc à une sage distance, avec un regard dont la grande acuité dissimulait mal la sévérité du jugement. Pour lui, Rousseau, Chateaubriand ou Gide s'étaient égarés en se confiant. À la fin de sa vie, dans les *Mémoires intérieurs*, François Mauriac avait donc pris un parti plus tranché, en affirmant, péremptoire : « Ne dis rien si tu ne dois pas tout dire (...). Je ne dirai donc rien. (...) Je ne parlerai pas de moi ».

C'est avec le temps et le travail de l'âge que je saisis plus nettement la part d'égotisme que révélait ce halo de mystère, qui campait François Mauriac en permanence dans le secret, et dont j'aurais pu comprendre plus tôt l'essence profonde, si j'avais pu accéder plus spontanément aux inextricables contradictions qui le tenaillaient et dont il ne disait rien. Mais il aurait fallu pour cela que je ne fusse pas jeune et que je comprisse par moi-même ses conflits intérieurs. Dans cet art de l'évitement où il excellait, non par duplicité, mais en raison de l'impossibilité où il se trouvait de parvenir à sa propre unité, je le voyais régler subtilement la lumière et la diriger vers le point où il aspirait à voir nos regards se tourner. Dans *Commencements d'une vie*, il avait reconnu que l'auteur « compose, après coup, ce qui n'était pas composé et ménage la lumière selon l'effet à produire : ainsi des régions immenses de sa vie se trouvent plongées dans les ténèbres et il éclaire ce qui en lui prête à de beaux développements ».

Il a donc fallu que le temps passe pour que mes lectures, mes expériences et mes désillusions me conduisent à régler à mon tour la lumière, pour ne retenir de l'œuvre de Mauriac que ce qui faisait écho à ma propre sensibilité. Dans les années de mon adolescence, je découvrais la subtilité de ce jeu de projecteurs qui empruntait autant aux techniques du septième art, qu'à celles parfois trompeuses de la littérature. Dans les *Nouveaux mémoires intérieurs*, la fascination que l'écrivain exerçait sur moi se trouvait augmentée de quelques confidences, que je recueillais comme ces fragments venus de lui et qui se seraient mystérieusement dispersés, au moment où sa vie touchait à sa fin : « si je racontais mon enfance, je pourrais en donner à volonté une idée lugubre ou radieuse : il suffit de régler l'éclairage ». Il en était de même pour moi, qui tâtonnais parfois dans l'obscurité en espérant que la lecture viendrait, ne serait-ce qu'un peu, éclairer mon chemin. De l'écrivain qui prétendait jeter une torche dans nos ténèbres, j'attendais une lueur qui pût m'aider à ne pas me perdre dans les grands labyrinthes de l'âme humaine.

Avec le recul du temps, la composition de l'œuvre de Mauriac, où la réalité et la fiction peinaient à se distinguer, apparaissait comme un trait particulier de son art, qui voyait les préoccupations esthétiques prendre peu à peu le pas sur le récit. Chercher à circonvenir sa personnalité, alors qu'elle déployait mille ruses pour se dérober, était sans doute la façon la plus sûre de passer à côté de l'essentiel, en se privant de la singularité d'une écriture et de l'originalité d'un univers.

Pour ne jamais quitter un auteur, il fallait d'abord

que ses livres fussent habitables, c'est-à-dirc que l'on pût y entrer et en sortir à sa guise, à chaque instant, tout en y revenant aussi souvent qu'on le jugeait nécessaire. De ce point de vue, la somme des romans, des essais et des textes autobiographiques de l'académicien bordelais ne constituait pas un bloc monolithique, que l'on se serait trouvé contraint de visiter d'un seul tenant, sauf à devoir y renoncer par défaut de souffle ou de courage. En cela, les textes courts et parfois trop vite achevés de Francois Mauriac ne présentaient pas les mêmes caractéristiques que l'*Ulysse* de Joyce ou les romans de Kafka, dont seule une minorité reprenait la lecture, après l'avoir terminée. En l'écoutant converser avec Pierre Dumayet à l'occasion de la parution de ses *Mémoires intérieurs*, je m'étais amusé de l'entendre expliquer qu'il avait lu, tout au long de sa vie, Balzac, Dickens, Tolstoï ou Dostoïevski, et que s'il aimait profondément l'homme Kafka, son *Journal* ou ses lettres, il préférait « crever » plutôt que d'avoir à revenir à son œuvre, réduite par lui à l'état de cauchemar.

Dans ses livres, on pénétrait donc librement. Si un fil ténu nous rattachait à son univers, on pouvait très vite s'y sentir chez soi. Lorsque l'atmosphère devenait soudainement oppressante, il était possible de s'éloigner en retrouvant le cours d'une existence ordinaire. Ainsi passait-on imperceptiblement d'un monde à l'autre, sans autre considération que celle de nos états d'âme.

Plus le temps s'écoulait et moins il importait de

savoir si les faits qu'exhumait l'écrivain, lorsqu'il évoquait ses souvenirs, étaient ou non fidèles à ce qu'avait été sa vie réelle. À travers ce regard par lequel il nous restituait les événements et qui pouvait parfois les transformer, comme s'il agissait à la manière d'une loupe déformante, c'est la recherche de l'effet esthétique qui dominait avant tout et qui donnait aux récits mauriaciens cette intensité si particulière : celle où se mêlaient des sensations venues des profondeurs d'une province, « une sensualité orientée vers les choses plutôt que vers les êtres », le tout contribuant à d'inattendues fulgurances poétiques.

Dans l'introduction, très brillante, consacrée à son œuvre autobiographique et qu'il a publiée dans la collection la Pléiade, François Durand s'interroge à son tour sur la pertinence du jugement émis par André Gide sur François Mauriac, qui le classe parmi les catholiques qui « n'ont jamais su vraiment regarder » : « Il y a quantité d'objets et d'êtres pour qui Mauriac consent rarement à avoir des yeux. Outre que ce sont, abstraction faite des avenues et des églises de Bordeaux, presque toujours les mêmes paysages qui s'offrent à nous, vignes de Malagar, landes de Saint-Symphorien, univers pauvres en minéraux, en animaux – ils fournissent Mauriac en comparaisons et en symboles, mais jamais il ne s'intéresse à un animal en tant qu'animal, bien différent en cela de Colette et même de Barrès – et même en végétaux : beaucoup de pins, un peu de chênes et d'herbe, la flore qu'il évoque est bien pauvre ; même les objets qui lui sont chers ont rarement droit à une description précise. Ils ne sont que des points de départ pour ses rêveries et ses réminiscences, Mauriac se montre avare d'indications portant sur les dimensions, les formes, les couleurs dans leurs nuances et leurs variations : s'il y a parfois une note originale et évocatrice, elle demeure isolée. Non, Mauriac n'est pas un visuel. » Et le préfacier de poursuivre son questionnement en s'interrogeant sur la place qu'auraient pu occuper les sons véhiculés par la nature, omniprésente et féconde dans les récits de l'académicien. Même si les paysages à perte de vue éveillaient en lui les émotions les plus vives, le poète transfigurait ce que son environnement lui procurait de sonorités singulières pour les ramener subtilement à lui-même. La menace lointaine de l'orage et le bruit du tonnerre lorsque la chaleur devenait étouffante au cœur de l'été, le frémissement des feuilles dans les arbres si le vent venait de la mer nourrissaient davantage son imagination que le gazouillis des oiseaux venus annoncer un changement de saison, ou plus banalement le vacarme de la ville, les klaxons des automobiles, le crissement des roues des tramways lancés sur les larges cours de Bordeaux ou encore les sirènes et les clameurs du grand port. « Dans ce domaine, (...) la comparaison avec Proust serait déplacée ; non, Mauriac est plutôt l'homme du goût ou du toucher, de l'odorat, sens plus primitifs, plus élémentaires que les deux premiers, mais cependant aptes, surtout le dernier, à se pénétrer de spiritualité », concluait-il avant d'évoquer la gourmandise de Mauriac qui mettait sur le côté « la maigre chère des repas de midi au collège en songeant aux savoureuses revanches qu'il prendrait le soir à la table familiale sur les perdrix et les bécasses apportées par l'homme d'affaires Ardouin, meilleur chasseur de la région ».

Le grand catholique assumé était donc avant tout un être sensuel qui incorporait les choses, les nourritures terrestres, les gibiers et le vin, les fragrances des Landes, les parfums de résine émanant des pins toujours incandescents dans la torpeur de l'été, mais aussi les haleines de menthe et d'herbes trempées, surgissant de la Hure au crépuscule…

Si son regard posé sur les choses les transformait, au point de les détourer de la réalité, c'est qu'il voulait nous faire accéder à ce que la virtuosité poétique de son écriture et les divagations de son âme avaient engendré de plus intime. On ne peut comprendre spontanément cet impressionnisme dans l'évocation de la nature ou des sentiments éprouvés, ni l'évolution des descriptions qu'il a faites de son univers au fil du temps, sans intégrer que dans sa vie longue et contrastée, ses lectures et le contexte du moment, au moins autant que l'écriture, l'ont conduit à revisiter les événements qui pour lui avaient compté.

Même lorsque François Mauriac écrivait ses *Mémoires intérieurs*, il était dans le moment présent, et non toujours dans celui très lointain dont il cherchait à exhumer les souvenirs. Pour lui, le passé s'appréciait à l'aune de chaque instant vécu et la lecture qu'il faisait de sa propre existence était remodelée par ses expériences les plus récentes et les préoccupations immédiates de son esprit. Parmi celles-ci, certaines pouvaient revêtir une dimension politique ou éclairer des combats essentiels à ses yeux. Si on aimait que les lignes fussent toujours droites, et les récits d'une implacable cohérence, on pouvait déplorer que son œuvre manquât d'unité. Mais la juxtaposition des fragments qui la composaient et qu'il nous léguait comme un palimpseste, nous invitait à goûter pleinement la subtile matière de son inspiration, en nous laissant envahir par elle, à la manière qu'il avait lui-même de tout engloutir.

C'est précisément parce que l'écriture de l'académicien bordelais puisait aussi aux sources de ses nombreuses lectures et que le regard parfois sévère qu'il portait sur les événements du monde pouvait le conduire à vouloir en orienter le cours, qu'il était nécessaire de faire en permanence la part de ses multiples motivations. Lorsqu'il s'intéressait à l'histoire de l'Église ou de la démocratie chrétienne, on ne pouvait faire abstraction des conflits qui avaient pu parfois l'opposer au clergé mais aussi, dans les années cinquante, à *La Croix* ou à l'*Osservatore romano*, ni occulter la part d'enthousiasme suscité chez lui par le concile Vatican II puis, plus tard, les déceptions que celui-ci devait engendrer. De même, le regard très dur qu'il portait sur les dirigeants du MRP sous la IVe République ne pouvait en rien être isolé de la critique implacable qu'il faisait du système des partis et de l'abaissement des mœurs parlementaires, ni de son admiration constante pour le général de Gaulle et pour la conception que le chef de la France libre avait de l'État et des institutions.

Il eût donc été illusoire d'attendre de lui qu'il fût toujours objectif ou qu'il renonçât à mettre de la passion en toute chose. Cette sensualité qui affleurait dans ses romans et ses souvenirs, on la voyait se muer en passion belliqueuse dès qu'il s'agissait de plaider sa cause ou de dire ce à quoi il croyait. À la fin de sa vie, la plume parvenait à se faire à ce point acide qu'il arrivait qu'on lui reprochât d'apparaître comme assez peu chrétien. Piqué au vif, il pouvait alors dans de nouveaux articles faire amende honorable, mais le repli tactique qu'il semblait concéder n'était que le galop d'essai d'une attaque plus vive encore, la plupart du temps frontale, qui conduisait ses cibles à redouter ses philippiques. Les plus médiocres de ses victimes n'avaient plus d'autre choix que de déplorer sa méchanceté. Avec une pointe de dédain, il pouvait aller jusqu'à leur reconnaître quelques qualités, destinées à les humilier davantage.

Car, si Mauriac ne concevait pas la justice sans charité, celle qu'il rendait à autrui n'était pas toujours charitable, surtout s'il estimait que son contradicteur n'était pas à la hauteur du regard qu'il portait lui-même sur les êtres et les choses.

À l'époque où nous vivons, qui voit les dénonciateurs institutionnels excommunier à longueur d'articles ceux dont la pensée et les actes ne sont pas conformes à la doxa, on l'aurait sans doute vu se cabrer pour rappeler à chacun que les mises en cause ne valent qu'au terme d'un long travail de recherche et d'exhumation de la vérité, celle des faits autant que celle des êtres. Face à la meute, avec le tempérament d'un avocat, il aurait pris la défense des personnages traqués, il aurait poursuivi de son implacable plume les emportements de la foule. Avec la même compassion que celle qu'il éprouva jusqu'à son dernier souffle pour Thérèse Desqueyroux, il aurait dit sa conviction que le salut de l'âme compte davantage que les condamnations sans appel et qu'en dépit de son inflexible regard – « qui pouvait être blessant parce qu'il avait été lui-même blessé » –, il continuait de croire qu'il n'y a pas de justice sans charité.

François Mauriac était conscient de ses excès. Il savait que ses emportements pouvaient l'éloigner de ce que l'on attendait légitimement de lui comme chrétien. C'est peu dire qu'il se méfiait de son caractère, et s'il préférait instruire lui-même et sans ménagement son procès, plutôt que de laisser à ses détracteurs le soin de s'en charger, c'est qu'il avait une conscience aiguë de ses faiblesses et de l'usage que certains pouvaient en faire pour l'atteindre. Souvent, il apparaissait comme le meilleur contempteur de son propre personnage, avec une humilité qui n'était feinte qu'en apparence. Sa plume servait alors ses aveux d'égocentrisme ou pointait son orgueil démesuré. Il lui arrivait aussi de concéder l'appréhension sensuelle qu'il avait de la vie, mais lorsqu'il s'agissait d'évoquer ses péchés ou ses souffrances, l'imprécision reprenait ses droits, quand ce n'était pas le silence qui nous ramenait au mystère dont il aimait à s'entourer : c'est ainsi que ses piètres performances comme cavalier, lorsqu'il cherchait à épater ses cousines, ou ses fiançailles rompues avec Marianne Henriette Chausson, en 1911, étaient recouvertes d'un voile pudique, car rien ne devait apparaître au grand jour qui relevait des petites et grandes blessures de l'existence.

Par une alchimie singulière, ce « cœur passionné » s'appliquait à mettre de la fiction dans sa vie et de la réalité dans ses œuvres de fiction, ainsi que le remarque François Durand dans la préface déjà citée. L'autobiographie et le roman participaient d'une même sublimation de tout ce que l'expérience offre de sensualité, d'épreuves ou de douleurs, peu à peu incorporées par l'écriture, comme une matière sensible et poétique. La vie des autres, au même titre que la sienne, se trouvait tout entière absorbée par ses récits, si bien qu'il s'effrayait parfois de se voir si dépourvu de morale et d'être devenu « cet artiste (...) que tout enrichit, ce monstre qui, de toute douleur s'engraisse ». Mais si rien ne semblait le rattacher à la matérialité des objets et des choses, à leurs formes ou à leur aspect, qui finalement lui importaient peu, c'est qu'il n'accédait à son unité profonde qu'en s'abandonnant physiquement à ce que la nature lui apportait de sensations.

Ainsi s'ouvraient de nouveau à lui les portes de l'enfance, avec la part de nostalgie s'attachant à son évocation. Il se livrait alors à une recomposition méticuleuse du passé, avec pour dessein de l'embellir ou de l'assombrir, selon l'effet esthétique qu'il entendait produire et l'état dans lequel il aimait à se trouver : une brise venue de la mer le caressant, une senteur émanant des vignes ou des forêts landaises suffisaient à créer une atmosphère dans laquelle il se complaisait, avec le sentiment si rare chez lui de la rencontre possible du corps et de l'esprit.

Sur sa relation avec la nature, dont il reconnaissait volontiers qu'elle était la source première de son inspiration poétique, il dut rendre des comptes à ceux qui instruisaient contre lui un procès en panthéisme, auquel sa proximité bienveillante avec Maurice de Guérin ou André Lafon pouvait donner crédit. L'attachement à la terre et aux paysages dans l'œuvre de ces deux amis qu'il chérissait faisait écho à son propre enracinement, aux fils indestructibles qui le reliaient à ses ancêtres, aux souvenirs qui inlassablement le ramenaient à eux et à sa jeunesse désormais lointaine. Dans ces lieux où les siens reposaient pour l'éternité, des sentiments mêlés le submergeaient, où l'intuition du sacré et l'insondable mystère de la mort convergeaient pour interroger sa foi et stimuler son imagination littéraire. Il y avait donc plus qu'une différence d'approche entre son œuvre et celle de Maurice de Guérin, lorsque celui-ci idéalisait une nature que la main de l'homme n'aurait pas encore abîmée et qui ne serait jamais aussi belle et pure que dans sa forme originelle.

Certes, dans son long poème allégorique *Le Sang*

d'Athys, François Mauriac s'était aventuré sur un chemin escarpé, où ses détracteurs l'attendaient en embuscade : la passion de Cybèle pour le jeune berger Atys, lui-même épris d'une mortelle, devait conduire la déesse de la Terre à le métamorphoser en pin, afin de mieux pouvoir l'enraciner en elle. Du cœur même du poème jaillissait une sensualité charnelle, qui révélait la psychologie profonde de son auteur. Au fil des vers, une authentique quête spirituelle s'affirmait, mais aussi la complexité d'un être et le déchirement intérieur qui pouvait le faire tant souffrir. Si ce texte fut si difficile à écrire, s'il fut si péniblement assumé, c'est qu'il mettait en pleine lumière, plus que tout autre, une partie de l'intimité de l'écrivain catholique, l'exposant au regard et au jugement d'autrui. Combien furent nombreux ses remords pour s'être ainsi livré : « J'aurais dû garder *Atys*, le compléter, le parfaire toujours. Je l'aurais laissé derrière moi comme un vrai testament. » Faut-il ne retenir du sublime poème de Mauriac que le voile qu'il lève sur sa vérité intérieure, ou s'en tenir à la relation plus paisible qu'il entretenait avec la nature et dont témoigne son œuvre tout entière, lorsqu'elle fait échouer sur la grève, tout au long de sa vie, des morceaux de nostalgie, comme des pièces polies de bois flotté ? Il faut surtout retenir qu'aucune région ne l'aura autant inspiré que celle de sa naissance, qui l'aura aidé à mieux se connaître et à se révéler à lui-même. Dans ses entretiens avec Jean Amrouche, il raconte son indéfectible attachement à sa terre natale, avec cette simplicité dénuée d'arrière-pensées qui nous le fait parfois percevoir comme un éternel enfant.

Dans ses romans, Mauriac était aussi présent que dans ses œuvres autobiographiques ou dans ses poèmes allégoriques. Comme pour se faire pardonner de ne jamais se dévoiler, il donnait à ses personnages de fiction une épaisseur que ces derniers semblaient avoir acquise à son contact, comme s'ils avaient partagé sa vie, ses rencontres, ses souffrances ou ses désillusions. Au moment où ils prenaient place dans ses récits, ils donnaient le sentiment d'apporter avec eux les bagages de leur créateur.

Le romancier s'est aventuré à avouer : « Thérèse Desqueyroux c'est moi désespéré, mais je ne suis pas désespéré. » Son art sublimé de l'ellipse lui permettait une fois encore de la distinguer subtilement de lui, par mille autres confidences, qui ramenaient son héroïne à sa condition de femme mal aimée, incomprise et tragiquement seule. Les êtres meurtris, sombres et parfois monstrueux qu'il engendrait n'étaient pas spontanément plus lisibles qu'il ne l'était lui-même et, à travers eux, on était fondé à tirer un à un certains fils de sa propre existence pour le retrouver, tel qu'en lui-même, immuablement confrontés aux angoisses ou aux éternelles contradictions qui l'obsédaient. « Seule la fiction ne ment pas. Elle entrouvre sur la vie d'un homme une porte dérobée, par où se glisse, en dehors de tout contrôle, son âme inconnue », concédait-il avec une désarmante sincérité.

« Pour peindre la noirceur des âmes, quel milieu

choisir sinon le sien ? » aimait à dire François Mauriac, dont les récits suscitaient l'ire de la bonne société bordelaise qui, bien malgré elle, les avait inspirés. Les romans qu'il écrivait, année après année, révélaient une partie des mœurs et des travers d'un monde recroquevillé, ainsi que tous les ressorts de son enfermement dans l'hypocrisie et le malheur. Au cœur des familles, l'écrivain plongeait une torche qui débusquait les pharisiens et leurs complices. Mais la bourgeoisie lui tenait rigueur de cette lumière crue projetée sur elle, et préférait imputer à l'esprit supposément dépravé de François Mauriac ce qui, en réalité, était le fruit à la fois de sa médiocrité et de son conformisme. Comment un auteur qui était le produit d'un milieu pouvait-il se retourner si violemment contre lui, si ce n'est sous l'effet d'une perversion profonde de son esprit, d'une altération continue de sa personnalité ? En s'obstinant à confondre le noir de son encre avec la noirceur de son âme, certains de ses farouches détracteurs s'exonéraient de tout inventaire les concernant. Sur la défensive, l'auteur de *Thérèse Desqueyroux* esquivait, avec un mélange de gravité et de tristesse : « On ne reproche pas à Manet ses noirs. On ne lui reproche pas sa palette. Or, on me tient rigueur de ma palette… C'est dans la mémoire et l'inconscient qu'est la raison de cette palette : une éducation janséniste qui cherche dans le salut de l'âme sa justification, une prédisposition à être très sensible aux drames humains et familiaux : toute vie est dramatique. »

De cette hostilité dont il était l'objet, le romancier avait une juste conscience, qui le conduisait en permanence à s'expliquer sur les motivations des personnages qu'il créait et sur la distance qu'il instaurait avec leurs passions, en puisant au creuset de son éducation religieuse : « Je peignais des passions sous leur couleur sombre, mais sous leur aspect le plus troublant, le plus charnel, le plus attirant et de ce point de vue, mes maîtres de Port-Royal m'auraient considéré comme un empoisonneur public (...). Sur le plan théologique, j'étais trop dans la tradition janséniste, c'est-à-dire que je donnais à la passion un caractère trop absolu, que j'enlevais à l'homme trop de pouvoir, que je donnais tous les pouvoirs à la grâce pour faire de l'homme une des victimes de sa chair et de son sang. »

Si on voulait comprendre en profondeur l'œuvre de François Mauriac et sonder la densité des drames qui se nouaient à l'ombre des hauts murs des propriétés girondines, on ne pouvait faire l'impasse sur les questionnements qui taraudaient l'écrivain catholique. Très tôt, j'ai acquis la conviction que l'on passait à côté de l'essentiel, en ne se joignant pas à lui dans ses méditations. Je savais aussi qu'en surmontant l'anticléricalisme de mon propre milieu et sa prévention à l'égard de toute forme de préoccupation excessivement religieuse, j'entrerais de plain-pied en relation avec des personnages singuliers, qu'aucune autre opportunité de rencontre ne me permettrait d'approcher. Sans doute fallait-il prendre le risque de cette audace pour accéder, ne serait-ce qu'un peu, à cet art inimitable que l'on voyait porté à son paroxysme chez Dostoïevski et qui donnait vie et consistance à des êtres, à la fois contradictoires et condamnés.

Dans ses confidences à Jean Amrouche, Mauriac a levé le voile sur la relation complexe qu'il avait entretenue, dès l'adolescence, avec cette bourgeoisie dont il était le produit. Dans son milieu disait-il, « il y avait de saintes femmes, dans les familles desquelles se passaient des conflits de passion, des conflits de vices, des choses qu'elles-mêmes ne soupçonnaient pas ». Face à ce mélange de sainteté, de péché et de mal – la sainteté ignorant le mal et longeant des abîmes que nul ne serait parvenu à sonder –, écrire procédait d'une libération salutaire, « d'un acte de délivrance de tout ce que nous portons en nous ».

La tendresse que l'écrivain ressentait pour ses créatures ne venait pas seulement de ce qu'il avait mis de lui en elles, mais davantage du visage de l'être qui a réellement existé et autour duquel le personnage de roman s'est construit : Thérèse Desqueyroux, il l'avait rencontrée presque par hasard au tribunal de Bordeaux, dans le box des accusés, en regardant la frêle silhouette de Mme Canaby, pathétique entre deux gendarmes, « avec cette bouche mince et cet air traqué ». Plus tard, elle avait pris les traits d'une « créature ardente et brûlante, qui avait sans doute le goût des femmes et qui avait épousé un garçon, fils unique de la campagne, très riche et très ordinaire de manière ». Désormais, cette jeune femme vivait cloîtrée derrière les barreaux d'une famille.

Ce qui choquait le plus les bourgeois bordelais – par-delà la transgression dont François Mauriac se montrait capable –, c'est que l'on ne pouvait savoir si les personnages de roman étaient, aux yeux de leur créateur, des monstres ou des victimes. Seule demeurait la certitude qu'ils étaient tous pécheurs et qu'à l'exception de la grâce, rien ne pourrait jamais les sauver. Dans *Souffrances et bonheur du chrétien*, Mauriac avait pris quelques distances avec la condamnation austère et définitive des passions terrestres par Pascal et Bossuet, pour lui préférer une lecture sensible et presque compassionnelle des tourments de l'âme humaine. Celle-ci suffisait, à elle seule, à expliquer la relation ambivalente que l'écrivain entretenait avec les plus tumultueuses de ses créatures. Dans le long cheminement d'une existence, on pouvait affronter des tempêtes et de multiples épreuves qui nous faisaient passer par des états contrastés et le plus souvent douloureux. Dans les bagages de chacun de nous était enfoui, au milieu de tout le reste, un petit tas de souffrances et de secrets, révélateur de nos péchés et de nos faiblesses. Évoquant le jugement sévère de Pascal qui l'avait tant influencé, François Mauriac écrivait : « Je ne cherche pas une échappatoire ; j'accepte la doctrine dans toute sa rigueur ; mais c'est un fait aussi certain que la gravitation de la terre : nous portons en nous beaucoup plus que nous-mêmes ; un homme n'est pas double, comme le croyait l'apôtre, mais multiple. Le pécheur en soi est un mythe. Ce qui existe, c'est une accumulation de tendances héritées (...). Des êtres que j'ai pu observer depuis leur enfance, je les ai vus lutter contre des penchants dont ils ignoraient jusqu'au nom, si profonde était leur pureté. »

Comme pour les récits autobiographiques, l'œuvre romanesque puisait au creuset du milieu natal, à la source d'un monde moribond qui vivait encore une existence quasi médiévale, dans le respect figé des grandes lois de la société, de l'Église, des propriétés et de la famille : les héros des récits mauriaciens se trouvaient corsetés par un ensemble de prescriptions contre lesquelles l'individu se révélait la plupart du temps impuissant. Il y avait donc toujours, comme surgis d'un univers dont les codes constituaient une prison, des êtres révoltés – le plus souvent des femmes et des adolescents – qui invitaient le lecteur à s'interroger lucidement sur le sens des destinées humaines. Dans cette auscultation des âmes les plus transgressives, un chemin s'ouvrait vers la grâce : une œuvre sombre était soudainement traversée d'un rayon fulgurant de lumière qui, par l'effet esthétique des contrastes, faisait ressortir la noirceur des passions et le drame du chrétien dans le monde. Ramené à la condition de celui « qui danse sur un pied depuis dix-neuf siècles », cet être vulnérable endurait toutes les affres, y compris celles de la jalousie, analysée comme la mesure même de l'amour, dans une quête folle d'absolu : « la paix qui m'envahit quand c'est vous qui souffrez », avait écrit Anna de Noailles…

Le personnage de Thérèse résumait à lui seul le cruel dilemme qui hantait l'œuvre de Mauriac tout entière : chacun de ceux qui peuplaient ses romans était issu de deux familles, condamnées à s'ignorer mutuellement, celle où l'on naît – qui est parfois celle où l'on est condamné à vivre et que l'on porte le plus souvent comme un fardeau – et celle des êtres qui nous ressemblent. Pour le romancier bordelais, cette dichotomie existait dans les sommets comme dans les bas-fonds. Lorsqu'il évoquait les drames que pouvait engendrer la division insoutenable d'êtres déchirés, il pensait à la parole du Christ dans l'Évangile selon saint Marc : « Qui est ma mère et qui sont mes frères ? Voici ma mère et voici mes frères. Car celui qui fait la volonté de Dieu, celui-là est pour moi frère, sœur et mère. » Cette « parole formidable » lui apparaissait, confiait-il dans ses entretiens avec Jean Amrouche, comme « un jour ouvert sur une réalité humaine » dont il souhaitait ardemment l'avènement comme chrétien.

Si Thérèse était séparée de Bernard Desqueyroux, il fallait en chercher la raison dans la répulsion physique des corps jetés dans la même couche, à la fois par l'organisation sociale des familles et par le sacrement. En s'employant à rapprocher son héroïne de « sainte Locuste », en la soumettant presque arbitrairement à la question de la vocation, François Mauriac disait sa conviction que toutes les impossibilités d'amour, pour un être perdu, pouvaient malgré tout le diriger vers la lumière. Dans la représentation qu'il se faisait du mal, il y avait certes le péché, la faute, la transgression, où le démon intervenait très peu, mais il y avait aussi l'espérance, furtive comme une étincelle. L'évocation du destin de l'héroïne dans *Thérèse chez le docteur* ou *Thérèse à l'hôtel* incite Mauriac à nous rappeler, en 1935, que « nous ne sommes juges ni du mal, ni du bien qui s'accomplit par nous. Dieu se sert étrangement des êtres et le tranchant d'une âme ne fait pas seulement des blessures : la mission de Thérèse était peut-être de rendre féconds les cœurs pauvres et stériles, de les creuser jusqu'à ce que l'eau jaillisse ».

Dans la biographie très dense qu'il a consacrée à l'académicien bordelais, Jean-Luc Barré, se référant au *Journal d'un homme de trente ans*, décrit cet équilibre à la fois esthétique et moral du récit mauriacien : si le romancier ne doit pas se détourner de « regarder la boue », ni « de fréquenter les coulisses du monde », il ne saurait « prendre les passions (...) victorieuses ou vaincues (...) que dans leur rapport avec la Grâce ». Plus tard, le biographe évoquera plus directement « l'affrontement insoluble – en tout cas irrésolu – entre aspirations religieuses et désirs charnels, entre appétit de vie et attrait du néant ». Ainsi, dans *La Chair et le Sang*, qui se déroule à Malagar, le personnage central du récit, Claude Favereau, est dépeint sous les traits d'« un jeune paysan, épris d'infini et en qui la sensualité la plus animale se mêle à un crucifiant désir de pureté ». Dans ce texte écrit en 1919, la fausseté, l'égoïsme et les convoitises étriquées d'un tout petit milieu sont mis au jour avec cette « intelligence chimique et analytique » que Max Jacob se plaira à souligner.

Je ne sais ce qui fut à la source de l'émotion que j'éprouvais dans ces années si fécondes où le tumulte d'une œuvre poussait ma curiosité à engloutir d'autres livres et d'autres auteurs, qui constituaient pour François Mauriac autant de références ou de modèles d'artistes maudits ou vénérés : Baudelaire, Racine, Bossuet, Barrès…, tout y passait, avec l'impatience de comprendre et d'atteindre jusqu'à l'avant-garde de *La Nouvelle Revue française* avec laquelle il entretenait une relation complexe et ambiguë. Se considérant comme à l'arrière-garde classique et académique d'une époque exceptionnelle de création littéraire, il raillait l'empressement de Cocteau à prendre d'assaut tous les wagons de l'audace et de la disruption, alors que lui demeurait solitaire sur le quai, mi-envieux mi-ironique, et à tout jamais fidèle à sa Gironde natale ainsi qu'aux êtres tourmentés qui avaient inspiré ses romans : avec au cœur cette volonté intacte de concilier l'inconciliable et d'accorder avec lui-même cette foi, ces principes, cette espérance infinie, qui lui faisait croire dans le possible salut de l'âme de Gabriel Gradère, le plus sombre des Anges noirs. À son ami Robert Vallery-Radot, il confiait « sa sensibilité folle », assumée par lui comme son caractère dominant. « Si nous avons tant de goût pour *Phèdre*, c'est que nous portons en nous cette rencontre tragique de la passion et de Dieu, sans que l'un ne puisse entamer l'autre », sans que croyance et certitude ne se confondent jamais.

Dans le mouvement qui le poussa à s'arracher à son milieu pour rejoindre Paris, il y eut sans doute comme l'ultime manifestation de la révolte d'un être qui conquit, dans la douleur, le chemin de sa propre liberté. Lorsque vint le moment des choix politiques fondamentaux, auxquels son éducation ne le prédestinait pas, il se montra sans concession et le jour où le grand banquet de remise de son prix Nobel eut lieu à Stockholm, le 10 décembre 1952, il s'employa à donner de son œuvre l'image la plus scrupuleusement honnête. On découvrit alors que celui que l'on moquait parfois comme le plus régionaliste des écrivains était en quête permanente de cette part d'universel qui unit les êtres les uns aux autres, jusque dans le malheur et la noirceur de leurs destins. On comprit qu'il ne se résignerait jamais à tromper ses lecteurs par « des erreurs agréables » et que l'intérêt obsessionnel qu'il semblait avoir pour le mal n'était que l'autre face de sa foi en une possible grâce.

C'est sans doute comme témoin de son temps, appliqué à l'écriture exigeante de son Bloc-Notes, qu'il exprima le mieux le goût qu'il avait de la vérité. C'est avec ce Mauriac-là, plus qu'avec l'écrivain tourmenté dont la vie était très éloignée de la mienne, que je devais me sentir le plus en harmonie, non parce qu'il était de gauche – car je n'ai jamais pensé qu'à aucun moment il le fut – mais parce qu'il se méfiait de l'air du temps et des meutes constituées, dont il percevait mieux que quiconque la propension à la violence. Chez le chrétien attaché au message universel du Christ, davantage qu'aux institutions de l'Église, je trouvais une source d'inspiration pour mes propres combats. Moi le laïc qui me tenais à une saine distance de toutes les religions.

IV

DES ARBRES ET DES PIERRES

De toutes les grandes batailles du siècle dernier, on cherchera en vain celles auxquelles François Mauriac aurait tenté de se soustraire, en se mettant à l'abri des grandes propriétés de vignes et de landes, héritées de sa famille.

Celui qui reconnaissait « avoir toute sa vie voyagé en première » avait de sa condition de privilégié une juste conscience. S'il éprouvait parfois un complexe d'infériorité, celui-ci résultait surtout de cette vulnérabilité physique qui l'avait rendu inapte au combat dans le feu, la boue et le froid des tranchées, où tant de ses camarades, durant la Grande Guerre, avaient perdu la vie : jeunesses fauchées trop tôt par la mort et qui laisseront à tout jamais présents dans sa mémoire meurtrie le souvenir de Jean de La Ville de Mirmont, tombé pour la France en novembre 1914, ou celui d'André Lafon, lui aussi enrôlé dans l'armée, bien que de santé fragile, et mort de la scarlatine à l'hôpital Saint-Nicolas de Bordeaux le 5 mai 1915. De cette période sombre, où il souffrit d'être « incapable de rien faire », affaibli par la maladie dans un dispensaire de la Croix-Rouge à Salonique, il gardera, enfoui au plus profond de son être, le sentiment de l'inutilité. La culpabilité aidant sans doute, il épousera par la suite les causes les plus audacieuses, avec un courage qui l'exposera à la haine tenace d'une bourgeoisie victime de l'étroitesse médiocre de ses vues.

Des textes qu'il rédige dans la nuit sans fin de l'Occupation, où l'abject régime de Vichy prête la main à la solution finale en organisant, aux côtés des nazis, la déportation des enfants juifs et de leurs parents, il demeure le célèbre *Cahier noir*, publié clandestinement en 1943 aux Éditions de Minuit, sous le pseudonyme de Forez, mais aussi d'autres textes poignants, comme « Les arbres et les pierres » : le génie de l'écrivain porte alors une parole universelle, inspirée par la foi du chrétien. Parues dans *Le Figaro littéraire* en juin 1942, ces pages semblent tout droit sorties d'une tragédie antique. Elles seront saluées par le général de Gaulle comme la représentation allégorique et presque poétique d'une France éternelle, n'oubliant rien de son passé glorieux, en dépit des épreuves déjà affrontées et de celles encore à venir. Dans un pays qui s'est placé sous le joug de l'ennemi, « les arbres et les pierres » s'érigent en « témoins incorruptibles » d'une témérité enjambant la noirceur des temps de honte et d'abandon et symbolisant la volonté d'un peuple de demeurer debout, à l'instar de ce « Paris accroupi au bord de son fleuve (...) qui cache sa face dans ses bras repliés », comme la promesse d'une possible renaissance. L'éternel enfant est un être ardent, dont la lucidité est cruelle pour ceux que les événements mettent à l'épreuve et qui les affrontent sans panache ni grandeur.

Cette jeunesse, après laquelle il court inlassablement, n'inspire pas seulement son œuvre autobiographique et romanesque. Elle constitue le ferment d'une passion pour le monde qu'il scrute avec la cruauté facétieuse d'un observateur auquel rien n'échappe : ni les grands mouvements de son époque, où dominent les tragédies et les renoncements, ni les prétentions dérisoires de ceux qui s'imaginent faisant l'histoire. Le grand chrétien regarde les siens de très près, mais aussi de très loin, comme le Micromégas de Voltaire observe à partir de Sirius la planète Terre et ceux qui s'agitent à sa surface. C'est là, sans nul doute, le seul point commun entre François Mauriac et le philosophe des Lumières, qui s'obstinait à vouloir « écraser l'Infâme ». Souvent, en lisant le Bloc-Notes, je me suis dit que celui qui ne concevait aucune œuvre ni aucune cause sans qu'elle pût à un moment ou à un autre le ramener à Dieu, n'admettait pas davantage qu'il fût possible d'atteindre la vérité d'un être ou la justesse d'une idée en faisant l'économie de son libre arbitre. Pour lui, si cette liberté se nourrissait de l'élévation de l'âme, à laquelle seule la foi permettait d'accéder, il était difficile d'y prétendre sans se tenir à distance des dogmes, ni sans se montrer impitoyable face à ceux dont la médiocrité, dans l'exercice du pouvoir, révélait la faiblesse du tempérament ou l'étroitesse des vues.

Les vrais rebelles – ceux dont les combats ne sont pas le miroir où ils se regardent agissant, en succombant parfois à l'ivresse d'eux-mêmes – sont le plus souvent des êtres tourmentés, qui cherchent perpétuellement, et la plupart du temps en vain, la juste position. Parfois, une vie durant ils tâtonnent, hésitent, se trompent et se fourvoient, avant de trouver paisiblement leur propre chemin.

François Mauriac traînait avec lui de lourdes valises, celles d'une éducation sur laquelle il portait un regard nostalgique et critique à la fois, et dont il donnait parfois le sentiment de chercher à se délester, avec des emportements d'écorché vif. Sa sensibilité à fleur de peau, sa sensualité constamment dissimulée donnaient à la manière qu'il avait de croiser le fer une intensité particulière, qui le conduisait à se méfier d'abord de lui-même, sans pour autant retenir les coups destinés à ses adversaires. En se plaçant en observateur de sa propre existence, en faisant l'inventaire au crépuscule de sa vie de ses engagements successifs, de ses joutes sabre au clair, on découvre la sinuosité d'un cheminement, aboutissant le plus souvent à des positions lucides et sans appel.

Dans la biographie qu'il a consacrée à François Mauriac, Jean-Luc Barré décrit méticuleusement le parcours de « l'écrivain politique ». À la différence de Jean Lacouture, il n'y décèle aucun sinistrisme, seulement une succession de combats courageusement menés au gré des événements que le siècle a traversés et qui interrogent la conscience d'un chrétien.

Dans cette quête inlassable de justice et de vérité, le journaliste demeure écrivain et n'abandonne aucune des exigences qui s'attachent à sa condition. « Rien n'aura été plus délibéré chez moi que ce parti pris de ne pas donner au journal mes scories. Il n'est rien qui soit moins répandu chez les gens de lettres que ce souci, il me semble. J'étais résolu, dès que j'ai commencé de collaborer aux feuilles publiques, comme on disait autrefois, à m'efforcer de faire mentir Benjamin Constant », écrit-il dans le Bloc-Notes, en septembre 1956.

Dans sa brochure *Des réactions politiques*, l'intellectuel libéral avait en effet pointé le danger qui guette l'écrivain journaliste : « Le besoin de frapper par des réflexions fortes mène à l'exagération, celui d'amuser par des anecdotes entraîne à la calomnie. (...) Un journaliste renonce à la dignité d'homme de lettres, à la profondeur du raisonnement, à la liberté de la pensée. » Si le propos avait été conçu par Benjamin Constant plus d'un demi-siècle avant que François Mauriac n'existât, avec pour seul dessein de l'atteindre, il n'aurait pas reçu réplique plus directe et cinglante : « un journaliste peut ne renoncer à rien de ce dont mon cher Benjamin Constant a fait lui-même trop souvent si bon marché ». Et l'auteur du Bloc-Notes de poursuivre en affirmant que l'écrivain, qui demeure un écrivain en politique, « introduit le style dans une matière où il n'est pas commun, parce que le conformisme y règne et que l'expression écrite du conformisme est le cliché. S'interdire les clichés, pour un journaliste écrivain, c'est donc s'obliger à découvrir et à formuler pour soi-même une pensée politique ».

On aurait donc grand tort de vouloir séparer le romancier du chroniqueur et l'homme de lettres du journaliste. La singularité du regard que François Mauriac porte sur les personnages de ses romans, les jugements sans appel qui accablent parfois quelques-unes des figures les plus illustres de la IVe République, au fil des pages de son Bloc-Notes, puisent aux sources d'une seule et même inspiration, celle de l'écrivain cherchant à pénétrer tous les ressorts de l'âme humaine. Sa vie durant, il aura inlassablement pointé l'hypocrisie par-delà les apparences, et sorti de leur prison des êtres perdus, que le silence ou le conformisme de leur milieu avaient contribué à emmurer vivants. Pour les plus sombres et marginaux d'entre eux, avec la foi du chrétien, il n'aura cessé d'espérer une possible grâce, sans pour autant pouvoir la promettre aux créatures qu'il avait lui-même engendrées.

Dans la préface de la nouvelle édition du Bloc-Notes, Jean-Luc Barré évoque à juste titre le souvenir de l'« enfant-espion », qui « s'exerçait, tapi à l'ombre des grandes personnes, à débusquer leurs secrets et percer leurs faux-semblants ». Il fait également référence à « cet adolescent troublé par des révélations décisives dans un milieu propice à "l'étude du cœur humain", comme à l'apprentissage de la lucidité ». C'est donc au moment où se forge le caractère, à l'épreuve des événements de la vie, et où la sensibilité commence à orienter le jugement, que Mauriac s'applique à disséquer la nature humaine. Armé de cette torche qu'il plonge dans les ténèbres, il projette sur les êtres une lumière crue. Avec au cœur cette obsession de la vérité et ce refus de la concession médiocre, il fait tomber les masques des pharisiens et s'en prend à la vanité d'un personnel politique devenu grotesque. Sans jamais se départir de cette ironie qui le fera redouter de ses cibles, il brosse des portraits peu flatteurs de parlementaires, de ministres et de chefs de parti, pour lesquels l'action publique s'accomplit dans un dérisoire théâtre d'ombres. Bien au-dessus du troupeau, où sont moqués ceux qui s'agrippent aux grilles de leur ministère, de peur d'en être délogés – je pense ici au portrait cruel de Georges Bidault –, on distingue quelques hautes figures – le général de Gaulle et Pierre Mendès France notamment – qui ont au cœur une certaine idée de la France et comme unique boussole le sens profond de l'État. Celui que l'on aurait pu réduire au conservatisme de sa classe dénonce les injustices à l'origine desquelles elle se trouve, l'imposture et le confort vulgaire d'esprits étroits et recroquevillés. Sans ménagement, il s'en prend aux comportements cyniques de ceux qui chassent en meute, avec pour unique horizon la préservation de leurs intérêts propres.

Lorsque, toute honte bue, les nantis, les couards et les gens de pouvoir s'opposent au droit des peuples à disposer d'eux-mêmes et à la décolonisation, accompagnant de leurs agissements les pires errements d'un régime à bout de souffle, François Mauriac manie la plume comme s'il s'agissait d'un fleuret. C'est dans ces combats successifs, menés sans ménagement, qu'il fait converger ses aspirations d'écrivain, de chrétien et de Français passionné. Avec lucidité, il affirme sa constante méfiance à l'égard des dogmes et sa conception universelle et humaniste du message du Christ, qui le place à une certaine distance des institutions de l'Église.

Pour des raisons qui tiennent à la singularité du jugement qu'elle porte sur les êtres et les choses, l'œuvre de François Mauriac est une et indivisible. Il n'y a pas d'un côté des romans démodés, donnant à voir un monde à tout jamais englouti peuplé de personnages effacés par le temps et taraudés par des tourments ou des questionnements métaphysiques auxquels l'humanité serait peu à peu devenue indifférente, et de l'autre un Bloc-Notes aiguisé comme une lame, qui serait parvenu à rendre intelligible notre présent par la lucidité du regard porté sur notre passé. Il faudrait pour cela que le romancier eût échoué, là où le chroniqueur aurait réussi, et que le second fût parvenu à occulter totalement le premier. Or il n'en est rien, car la plume libre et parfois impétueuse de l'écrivain journaliste tempère en permanence « l'affrontement de l'individuel et de l'universel ». Pour dépasser cet affrontement, Mauriac déploie ses bras immenses, avec pour dessein d'établir un pont entre les deux rives qui orientent le lit de sa rivière intérieure. Comme sur les chemins de halage, où des arbres depuis longtemps plantés ont pris racine, l'ombre et la lumière jouent de leur contraste.

Sur la première rive, une approche intimiste des êtres, de la nature et des paysages, où la sensibilité du romancier fait naître un univers. L'écriture puise une fois encore à la nostalgie de l'enfance. La sensualité affleure partout ; elle est caressante comme le souffle chaud de la brise venue de l'océan ; elle charrie avec elle tous les parfums, ceux salés des rivages océaniques et des sables des dunes, ceux entêtants des forêts de pins et des landes roussies par le soleil, ceux plus dionysiaques et enivrants des vignes de Malagar. Enveloppant des êtres blessés, elle donne à leur souffrance une intensité tragique, qui les fait apparaître comme pathétiquement humains. La noirceur des dépravés fait alors contraste avec la musicalité d'un style, dont l'inspirateur a atteint le sommet de son art.

Sur l'autre rive, une lecture en apparence rationnelle de l'histoire, avec ses personnages et ses circonstances particulières. Lorsqu'il s'agit de dénoncer, au moment de la guerre d'Espagne, ceux qui assassinent les républicains en trahissant la religion catholique – c'est-à-dire le message universel du Christ –, lorsque le temps est venu de s'en prendre à la politique aveugle et brutale de la France au Maghreb sous la IVe République, les sentences tombent comme des couperets et les coupables ne sont guère épargnés.

Mais, sur les deux rives, les nuages s'accumulent et le même ciel orageux menace. De semblables éclats d'incendie s'apprêtent à embraser des cœurs et des âmes, avant de les abandonner à leurs passions. Les créatures romanesques de l'écrivain bordelais – qu'il s'agisse de Thérèse Desqueyroux, de Maria Cross ou de Raymond Courrèges, de Gabriel Gradère ou de Bob Lagave – appartiennent au monde des damnés.

Aux marges de la société, réduits au sort d'insoumis ou de passagers clandestins, des personnages consumés cherchent à monter dans le train de la vie ordinaire. Mais, dans un monde où elles dominent, les apparences les en empêchent, qui doivent être à tout prix préservées, car la bourgeoisie entend bien continuer à prospérer à l'ombre des codes et des représentations depuis longtemps établis, que rien ne doit venir remettre en cause. Il y a donc au plus profond de ces personnages relégués l'idée d'une possible transgression, d'une tension subversive se dressant contre un milieu et une époque. Nul ne saura jamais si Thérèse Desqueyroux fut un jour François Mauriac. Mais chacun verra bien qu'à un moment, François Mauriac fut délibérément Thérèse Desqueyroux, lorsqu'il destina à son propre milieu ses flèches les plus empoisonnées et défendit avec panache les valeurs ou les causes universelles auxquelles il croyait, comme citoyen et surtout comme chrétien.

Cette implication pleine et entière de l'écrivain journaliste dans les affaires de son temps me parlait. Si très jeune je m'étais engagé en politique, jamais je n'avais éprouvé le besoin d'atteindre un but pour moi-même. Je mentirais toutefois en occultant la part d'accomplissement purement personnel dont j'investissais l'action publique lorsque dans l'adolescence, je songeais à m'y consacrer un jour. Si dès l'enfance je regardais à la télévision les grandes émissions politiques, ce n'était pas pour leur dimension circassienne, ni comme on s'enthousiasme d'un western si l'on aspire soi-même à devenir shérif. La découverte de ces grands fauves politiques ne suscitait en moi aucun syndrome mimétique, au point que je soupçonnais ceux qui les singeaient d'être bien incapables d'endosser un jour leurs habits. Assis par terre, les yeux rivés sur l'écran galbé d'un téléviseur trop grand pour mon regard d'enfant, je demeurais fasciné par l'image en noir et blanc qui peinait à se stabiliser et qui m'apparaissait d'autant plus incertaine que des grésillements intempestifs contribuaient à en brouiller davantage encore la réception. Fébrilement, j'attendais la musique des génériques. Elle éveillait en moi les mêmes frissons que les amples crescendos qui donnaient au suspense des films d'Hitchcock une angoissante dimension dramatique. Ce qui me fascinait par-dessus tout, c'était la densité des personnages qui débattaient. L'exercice qui consistait à percer leur psychologie suffisait à me maintenir en haleine. Pour atteindre mon but, j'analysais leurs intonations et leurs comportements, je m'employais à déceler la part de sincérité ou de manipulation qu'ils mettaient au service de leurs causes. En me livrant à cet exercice, il m'arrivait d'identifier les hypocrites. Et lorsque plus aucun doute ne subsistait sur leur nature, tout ce que j'observais venait parfois administrer la preuve que ma première intuition avait été la bonne.

Rien ne parvenait à me lasser de ce jeu, qui me conduisait à analyser jusqu'à la tenue vestimentaire de ces êtres hors norme, dont je supposais naïvement qu'elle pouvait avoir un lien, même ténu, avec la tournure de leur esprit. Cette curiosité d'entomologiste, qui m'avait très vite conduit à préférer la fréquentation des adultes à celle de mes camarades de classe, s'était donc peu à peu muée en un intérêt appuyé pour la politique. Ce que la sensibilité avait fait naître en moi de sensations, de souvenirs et d'images à tout jamais gravées dans ma mémoire d'enfant donnait naissance à un monde singulier, dont je pensais naïvement disposer des codes.

Lorsque mon père manifestait en mai 1968 et que le général de Gaulle apparaissait le soir à la télévision dans des costumes sombres, tonnant pour rappeler le pays à ses devoirs, je percevais confusément qu'il était l'autorité, car tout ce qui émanait de lui ne pouvait que m'impressionner. En revanche, les slogans de la rue, les sirènes des véhicules de police saturant nos oreilles tout au long de la journée, les discussions sans fin dans le petit appartement familial, entre des syndicalistes ou des militants politiques qui n'étaient d'accord sur rien, mais qui s'enivraient du grand vent de la révolution de mai, étaient pour moi comme la manifestation d'un état de guerre, qui finirait par me priver de mes parents. Qui de mon père ou de ma mère aurait pu alors deviner que c'était cette peur-là qui me faisait écouter religieusement le général de Gaulle, comme on écoute un grand-père bougon, qui dit à chacun son fait, avec pour dessein de ramener tout le monde à la maison ?

À l'âge de vingt ans, il ne me restait de cette époque de la petite enfance que des souvenirs diffus et les impressions fugaces d'une ambiance bruyante et confuse, dont j'étais sorti avec la conviction que l'État doit s'incarner et que les ondes telluriques qui traversent en profondeur une vieille nation n'ont que peu de rapports avec l'agitation fébrile et dérisoire, dont la classe politique française a la plupart du temps le goût. Si j'avais très tôt manifesté de l'intérêt pour l'émission *À armes égales* et les joutes oratoires opposant Georges Marchais à Jean Lecanuet, François Mitterrand à Michel Debré et tant d'autres encore qui avaient pris place au cœur d'un intéressant bestiaire, très vite la lecture s'était substituée à la télévision pour alimenter ma réflexion personnelle. Au moment de l'engagement dans la vie militante notamment, *La République moderne* de Pierre Mendès France, les grands discours de Jaurès et de Blum ou les *Mémoires de guerre* du général de Gaulle avaient constitué autant de sources auxquelles j'avais été puiser.

Ce fut donc au début des années quatre-vingt, alors que la France connaissait l'alternance et que les débats gagnaient en intensité, que le Bloc-Notes se révéla à moi comme l'instrument de la compréhension des temps présents. À Bordeaux, où je poursuivais mes études, je redécouvrais la plume alerte de l'écrivain, la prosodie d'un style où caresses doucereuses et morsures assassines alternaient, donnant un ton à la confidence, et à la polémique une inhabituelle vitalité. Dans cette chronique du siècle écrite au fil des ans avec une exigence janséniste et une passion incandescente, les têtes de Turc de François Mauriac surgissaient sous leurs traits les plus saillants, comme des caricatures d'Honoré Daumier.

À cette époque, la France était coupée en deux : François Mitterrand avait été porté à l'Élysée par une espérance venant de loin. Les plus lyriques des socialistes avaient théorisé, dans leurs emportements, le passage des ténèbres à la lumière, contribuant ainsi à renfrogner davantage encore ceux qui, parmi les conservateurs, redoutaient qu'on leur confisquât tout. Au sein de la bourgeoisie, où les opposants au nouveau pouvoir dominaient, les plus sincèrement inquiets ne donnaient guère dans la nuance pour éreinter le régime « socialo-communiste » : on s'en prenait à son « collectivisme », en laissant planer le doute sur la nature des relations qu'il pouvait entretenir avec l'Union soviétique, au motif que des ministres communistes siégeaient désormais au sein du gouvernement.

Dans ces courants irréductibles, qui structuraient la France en deux blocs, les postures et la mauvaise foi s'imposaient, qui permettaient de maintenir chacun dans le grand mouvement du troupeau.

Les « appareillons » autosatisfaits des deux camps attendaient patiemment leurs primes pour panurgisme et certains, parmi eux, espéraient la percevoir pour l'éternité. De ces petits clans qui vivaient sur la bête, il fallait se méfier grandement, car ils étaient les plus enclins à confondre la dague et le fleuret. En les regardant agir, il m'arrivait de repenser aux gardes de l'Antigone de Jean Anouilh qui exhalaient des odeurs de cuir, de vin et d'ail au moment où l'héroïne, la nuque raide, marchait inéluctablement vers sa mort.

Plus de dix ans après la disparition de son auteur, le Bloc-Notes, qui n'avait pas pris une ride, aidait à comprendre les grands débats qui traversaient la France des années quatre-vingt. Certes, il avait été conçu pour avoir « des chances de durer un peu », en ne traitant que ce « qui ne vieillit pas, de ce qui n'a pas d'âge ». Conscient aussi que « ce qui (...) passionne une génération, devient très vite inintelligible » pour la suivante, François Mauriac n'avait pas voulu que l'on pût dire un jour de lui ce que lui-même avait écrit de Maurice Barrès dans son Bloc-Notes, évoquant le *Cloaque* : « ces pages (...) qui nous avaient paru corrosives (...) c'est trop peu dire qu'elles ne brûlent plus. Qui se souvient aujourd'hui de Rochette, le financier marron ? La remise de son affaire par le ministre Monis ? Nous nous en moquons bien. Ce petit cloaque s'est desséché. Au-dessus de l'ancien marécage, Caillaux, Briand, Barthou, ces feux follets en redingote apparaissent un instant, puis ils se dissipent, au tournant d'une phrase avant que le livre ne nous soit tombé des mains ».

Au début de l'ère Mitterrand, ce marécage si souvent décrié par Mauriac ne s'était pas asséché. Même si la IVe République avait pris fin depuis près de vingt-cinq ans, un petit monde politique lui avait survécu. Des personnages encore bien vivants occupaient toujours le devant de la scène, dont certains avaient inspiré les pages les plus décapantes du Bloc-Notes trente ans auparavant.

L'un d'entre eux, parmi les plus illustres, était le nouveau président de la République. La plume de François Mauriac l'avait presque toujours épargné. Du moins n'avait-elle jamais cherché à l'atteindre ni à distiller l'insidieux poison du doute sur ses capacités d'homme d'État, ou sur la pertinence de son action ministérielle. Les deux hommes avaient tout pour se comprendre, à défaut de spontanément s'estimer. Sans que leurs enfances eussent été en tout point semblables, elles leur avaient laissé le souvenir du catholicisme ombrageux d'une mère pieuse et celui, plus léger, des moments passés au cœur des propriétés bourgeoises, en Charente ou en Gironde, dans une relation singulière à la nature et à la terre, où dominait le rythme des saisons. Le sentiment d'appartenir à un milieu privilégié, indissociablement lié à un territoire, avec ses paysages, ses lumières et ses parfums distincts, avait donné à chacun d'eux une identité très provinciale, dont ils avaient cherché à s'affranchir en accomplissant le grand voyage vers Paris. Chez les pères maristes, au 104 de la rue de Vaugirard, Mauriac et Mitterrand avaient donc séjourné, à quelques décennies d'intervalle, recevant les mêmes enseignements, vraisemblablement des mêmes professeurs, dans des lieux qui n'avaient pas changé.

De cette époque, l'écrivain bordelais avait gardé le souvenir de sa rencontre avec Robert Lorrain, l'oncle de François Mitterrand. Dans le Bloc-Notes, il évoque « un garçon angélique, un de ceux que Maeterlinck appelle des "avertis" parce qu'ils ont le pressentiment que Dieu va les prendre avant que la vie les ait souillés ». Robert Lorrain mourut en effet, à l'infirmerie du lycée Henri IV, et ce fut l'une des premières rencontres de François Mauriac avec la mort. Faut-il voir dans cet événement le seul motif pour lequel, avec panache, il défendra près de cinquante ans plus tard le jeune ministre de l'Intérieur de la IVe République lorsqu'il subira la calomnie, au moment de l'affaire des fuites ? Avec une prémonition qui suffit à elle seule à révéler le génie de l'écrivain journaliste, cette cabale lui donna l'opportunité de percer un personnage historique, en allant jusqu'à lui prédire un destin : « Ce Mitterrand, je l'aime bien et depuis des années, si je ne le rencontre guère. C'est un garçon romanesque : je veux dire, un personnage de roman. Il sort à quelques lieues de chez moi, du terroir charentais, comme Rastignac (...). Ce François Mitterrand d'il y a vingt ans, avec son visage de Clouet, songeait-il déjà à la politique ? Je me souviens qu'il avait pris, dans une jeune revue catholique, la défense d'un de mes romans, *Les Anges noirs* (...). Déjà François avait jeté son dévolu sur le royaume de la terre – (...) celui où l'on est guetté et assailli à tous les tournants, où il faut avoir des réflexes rapides, et ceinturer quelquefois pour n'être pas ceinturé. Mais avant de subir ces attaques sordides et policières, Mitterrand en a connu d'autres ; il a mérité que son premier ministère ait été celui des Anciens Combattants. »

Sur Pierre Mendès France et Charles de Gaulle, François Mauriac émettait des avis presque toujours louangeurs qui les plaçaient, l'un et l'autre, en surplomb du marécage. Ce qui pouvait alors s'interpréter comme une manifestation d'inconditionnalité traduisait davantage la volonté de ne sous-estimer en rien leurs qualités rares qui, à elles seules, suffisaient à les distinguer de la masse. Du procès que l'on instruisait contre lui, en imputant aux effets de son grand âge l'altération de son jugement, ou à sa réputation de férocité les excès de certaines saillies, l'écrivain journaliste semblait ne pas faire grand cas. Par orgueil, il lui arrivait même de forcer le trait, ajoutant le mépris à la provocation. Parfois, après avoir donné le sentiment de s'être ravisé, il repartait à la charge en offrant à ses détracteurs des raisons supplémentaires de le détester. Le bien qu'il pouvait alors penser des figures auxquelles il ne ménageait ni ses compliments ni sa confiance avait un impact d'autant plus grand qu'il pouvait faire contraste avec tout le mal qu'il ne manquait pas de dire de leurs médiocres détracteurs. Ainsi le soutien constant et courageux qu'il apportait à Pierre Mendès France puisait-il sa force dans le sentiment de rejet que lui inspiraient tous ceux qui s'échinaient, avec roublardise, à entraver son action: « Ce que je crains, parfois, c'est que le président du Conseil dégoûté et las, perde conscience de cet espoir qu'il incarne pour tout un peuple, et que, de lui-même, il quitte le jeu. Je le connais trop peu pour en être sûr, mais je doute qu'il soit un animal politique, au sens parlementaire du mot. Je le crois d'une autre espèce que les carpes du Palais-Bourbon qui chérissent leur profonde boue. Je le vois plutôt comme un homme qui s'efforce de sculpter le réel à l'image de ses pensées. Mais cette glaise parlementaire n'est pas inerte: elle grouille d'intérêts et de passions. »

Alors qu'au palais de l'Élysée l'émotion s'emparait de Pierre Mendès France, le 21 mai 1981, au moment où François Mitterrand lui donnait l'accolade, je pensai à ces pages et à tant d'autres écrites par Mauriac, louant la haute stature de celui qui n'avait jamais manifesté d'intérêt particulier pour la conquête du pouvoir mais qui, pendant la courte période où il l'avait exercé, avait réussi à imposer un style fait d'exigence et de rigueur morale. À quoi pouvait songer Pierre Mendès France, en ces instants de grâce politique ? Aux haines multiples et ouvertement antisémites qu'il avait affrontées, lorsqu'il avait voulu engager la nation sur le chemin de la décolonisation ? À sa propre solitude, au moment où l'on célébrait une victoire qui aurait dû être la sienne ? Pensait-il à l'âpreté des temps à venir, aux déceptions qui ne manqueraient pas, comme toujours lorsque la gauche gouvernait et qu'elle essuyait les critiques virulentes de ceux qui spéculaient sur son échec, par cynisme le plus souvent ? Comme si la hargne de la droite ne suffisait pas à rendre impossible sa réussite, on voyait souvent des agitateurs professionnels surgir et s'emparer de la rue, au motif qu'ils étaient « la vraie gauche » et qu'ils s'estimaient investis d'un mandat impératif, au nom duquel ils pouvaient déchirer rageusement les certificats d'authenticité de tous ceux qui avaient le courage de gouverner. Dans la griserie de la victoire, une frêle silhouette avait laissé affleurer cette part d'émotion, d'abnégation et de courage dont Mauriac, dans le Bloc-Notes, avait si souvent résumé l'exceptionnelle dimension : « les qualités de l'homme d'État, capable d'analyser une situation politique donnée et de prendre les mesures qu'elle appelle, sans perdre jamais de vue la ligne générale qu'il doit tenir, et sans manquer à rien de ce qu'exigent l'honneur du pays et sa vocation universelle, mais aussi sa sécurité, ces vertus qui sont celles de P.M.F. peuvent-elles coexister dans un même homme avec la rouerie, avec la ruse du parlementaire qui évente les pièges, creuse des contre-sapes, désarme un ennemi par des concessions appropriées ? Si le public savait sur quel terrain miné s'avance l'homme qui a la charge de sauver le pays ! ».

Conscient que son époque aimait à dévaler des

pentes douces jusqu'à s'y perdre, François Mauriac voulait croire à la grâce des peuples, comme il travaillait à celle des âmes égarées. Citant Lamennais – « nous vivons dans un siècle qui lasse le mépris » –, il reconnaissait plaindre « les hommes dont l'espérance n'est que politique » et espérait que le pouvoir serait « à chaque instant donné à l'homme religieux de s'évader des tempêtes de surface ». Avec plus ou moins de patience, il traquait le « poisson des profondeurs », autrement dit l'être charismatique et singulier. On retrouvait dans son gaullisme cette conception presque innée qu'il avait de la grandeur de la nation et ce besoin de voir la politique sublimée par la transcendance, dont l'avènement lui semblait possible si surgissaient dans l'histoire des personnages d'exception.

S'il avait soutenu, dès l'origine et sans la moindre réserve, le héros de la France libre, c'est parce que de sa taille et de ses épaules il dominait la République après l'avoir sauvée, et qu'aucune des petites ambitions personnelles et dérisoires qui avaient pu égarer le personnel politique français sous la IIIe et la IVe République ne l'avait jamais conduit à s'abaisser lui-même.

Jadis, François Mauriac avait su témoigner, à son égard, une indépendance dont bon nombre de ceux qui raillaient son inconditionnalité auraient été incapables, notamment lorsqu'il s'était agi d'intervenir auprès de lui pour épargner à Robert Brasillach la peine capitale, qui heurtait sa conscience de chrétien.

On se souvient de la vivacité du débat engagé alors avec Albert Camus sur le traitement qu'il convenait de réserver à ces collaborateurs coupables de haute trahison. Deux conceptions de l'humanisme et de l'honneur se faisaient face, à une altitude devenue désormais inaccessible, sans qu'à aucun moment l'intensité des convictions exprimées par les deux écrivains n'ait eu à en pâtir.

Avec cette manière de prendre à témoin ses lecteurs et cette fougue juvénile dont il était parfois capable, François Mauriac avait aussi apporté au général de Gaulle, à certains moments très stratégiques, un soutien sans réserve, qui avait contribué à entretenir sa réputation d'encensoir. En mai 1958, il s'était distingué de la masse de ceux qui, à juste titre, avaient mis en cause les circonstances dans lesquelles les gaullistes avaient organisé le retour au pouvoir de leur chef, en faisant ressortir l'impasse où se trouvait le régime des partis et les conséquences néfastes pour la nation d'une poursuite de la guerre d'Algérie : « Si le général de Gaulle nous montre "comment faire autrement", si les Français et le peuple algérien se réconcilient sous son égide, dans une Algérie autonome où les deux drapeaux flotteront et ne seront plus jamais séparés, eh bien, je me consolerai de voir la République devenir autoritaire, j'accepterai que Marianne ait tout à coup cette grande gueule, ce grand style, cette puissance d'orgueil, d'indifférence et de mépris, dont on peut s'offenser… mais quoi ! Quand le général de Gaulle parlera en Europe au nom de la France, ce sera fini pour elle d'être humiliée. Quel soulagement ! Nous n'en pouvons plus, ne le voyez-vous pas ? » Et François Mauriac d'évoquer une nouvelle fois, dans son Bloc-Notes, le marécage, la foule grouillante des faibles et des serviles (« si les grenouilles qui demandent ce roi l'obtiennent, elles ne coasseront pas toujours de joie, je m'en doute ») avant d'en appeler au Coriolan de Shakespeare (« j'aime mieux les servir à mon gré que, d'accord avec eux, les gouverner au leur »), comme pour convaincre le chrétien qu'il était que le cynisme n'est pas étranger aux grandes âmes, lorsqu'elles prétendent venir à bout des batraciens récalcitrants.

Dans la galerie des portraits que les écrits politiques de François Mauriac présentaient à notre jugement, il y avait donc quelques personnages romanesques. Leurs tempéraments les désignaient à l'ambition et au nécessaire courage face à l'adversité, mais aussi à la fidélité à une terre, à une histoire et à une tradition familiale dont ils revendiquaient l'héritage, autant que le désir ardent de s'en émanciper. En cela ils ressemblaient à l'auteur de *Thérèse Desqueyroux*, voire à Thérèse elle-même car leurs vies, faites de ruptures et de rebondissements, leur donnaient une densité qui les plaçait à part et les soumettait à l'épreuve de l'extrême solitude.

Sans doute François Mitterrand, dont Mauriac avait souvent salué l'audace et le caractère trempé, relevait-il de cette catégorie. Moins nombreux, en revanche, étaient les êtres d'exception, ceux dont les actes et le comportement faisaient écho à l'idée élevée que l'écrivain journaliste se faisait de la France, de la grandeur de son histoire, de l'universalisme de son ambition et dont les figures de proue, sous le beaupré du navire, avec leur regard tourné vers le large horizon, n'étaient autres que Charles de Gaulle et Pierre Mendès France.

Puis il y avait tous les autres, affairés à la défense de leurs intérêts propres et pour la plupart d'entre eux satisfaits de leurs performances et qui coassaient à gorge déployée. François Mauriac, facétieux et féroce, les traitait à la manière de Jean de La Fontaine, ne ménageant jamais son bestiaire. À travers l'évocation d'une actualité brûlante, dans un pays où des gouvernements de toute sensibilité prolongeaient les humiliations, l'injustice et la répression en Afrique du Nord, des articles passionnés faisaient le récit des combats menés avec Robert Barrat et les militants catholiques, résolument engagés contre la torture, l'arbitraire et la guerre en Algérie. L'impétueuse rédaction de *L'Express* – que Jean-Jacques Servan-Schreiber et Françoise Giroud voulaient ériger en nouvelle frontière du journalisme – s'enorgueillissait de la complicité nouée avec « la vieille corneille élégiaque », dont le regard pétillant de malice, l'imprévisibilité du caractère et le gaullisme ardent les irritaient parfois, mais leur servaient aussi de caution. Aux côtés de François Mauriac, une jeune garde maghrébine se mobilisait dans des réunions presque secrètes pour exiger la dignité, l'égalité et célébrer la France de la Déclaration universelle des droits de l'homme.

Pour celui qui, par le passé, n'avait jamais ménagé son soutien à la démocratie chrétienne, les agissements de certains de ses chefs lui avaient laissé le goût amer de la trahison, si bien qu'il s'était peu à peu senti libéré des liens qui l'avaient longtemps uni à sa famille de pensée. Un jour de juin 1954, il s'était exclamé : « Le M.R.P., c'est le tramway nommé pouvoir. » Avec la même rage, Georges Bidault avait été réduit à sa condition de « pauvre petite figure défroquée du M.R.P. aux grilles du Quai d'Orsay ». Un autre ministre, Joseph Laniel, dont la silhouette massive suffisait à le résumer, avait été exécuté d'une phrase : « il y a du lingot dans cet homme-là ». Parfois, cédant aux facilités de la physiognomonie, il s'en prenait à ceux dont les positions politiques lui étaient insupportables, avec une brutalité dont Jean Lecanuet fit les frais : « C'est en peinture que je ne puis le sentir. Son sourire et ses dents relèvent pour moi du cauchemar. Même son nom rend à mon oreille un son hostile. » Enfin, l'individu pourvu de quelques qualités n'était pas pour autant épargné et l'acidité de la plume pouvait l'atteindre avec d'autant plus d'efficacité que l'on avait commencé par reconnaître ses mérites. Edgar Faure, quelques mois après la chute du ministère Mendès France, à laquelle il avait pris une part active, avait d'abord entendu une musique douce à ses oreilles, avant que Mauriac ne fasse tomber sèchement le couperet : « M. Edgar Faure est intelligent. Il est très intelligent, on le dit, on le répète, on s'émerveille – comme si c'était la chose du monde la plus étonnante, la moins attendue, que le président du Conseil ne soit pas bête. Qui a jamais songé à monter en épingle l'intelligence de Poincaré ou de Clemenceau, celle de Caillaux ou de Briand ? Même Maurras qui les traitait de tout, se fût bien gardé de les traiter d'imbéciles : ses lecteurs les plus fanatiques ne l'en eussent pas cru (...). C'est un fait qu'il n'est pas bête et que même, il est malin. Trop malin (...). A-t-il compris enfin que la finesse doit le céder à cette vertu cardinale chez un homme qui détient le pouvoir : l'autorité – cette autorité qui, précisément vient de l'âme et qui n'est plus celle d'un particulier, mais de l'État qu'il incarne ? »

En relisant les pages consacrées à ces personnages politiques, dont l'histoire n'aura pas toujours retenu les noms, on mesure combien les polémiques de presse ont perdu de leur intensité depuis que les plumes qui les entretiennent ont vu s'étioler leur talent. Alors que les sentences de Mauriac, sans y changer un mot, pourraient venir qualifier les temps présents et rappeler à leur vraie nature ceux qui contribuent à les obscurcir de leur vacarme nihiliste, une musique s'est interrompue, un style incandescent comme une braise couvant toujours sous le feu s'est tu et la passion de la vérité, exigeante et impitoyable, a peu à peu cédé le pas à la rage dénonciatrice et parfois haineuse des révoltés par posture.

L'insoumission à une époque n'a de sens que si elle contribue à servir des causes justes. Seul le temps long permet d'identifier les fautes commises par ceux qui se sont trompés sur tout, par esprit de système, par cynisme ou parfois même par peur de disparaître. Le conservatisme avec ses angles morts et ses intérêts si âprement défendus peut lui aussi conduire au pire, si personne ne prend le risque de faire tomber les masques des pharisiens. L'écrivain journaliste, qui jusqu'aux derniers instants de son existence a cherché à maintenir vivante la flamme sacrée de sa jeunesse, voulait goûter encore aux émerveillements de l'enfance, à ses emportements parfois si capricieux, à sa nostalgie douce. Porté par ce désir de vie, il ne s'est trompé sur presque rien. Il a regardé le monde tel qu'il était, avec ses yeux de chrétien. Et si ses jugements les plus durs ont concerné ceux qu'il connaissait le mieux, c'est qu'il les avait longtemps observés, en romancier disséquant l'âme humaine, à partir de son propre milieu dont il savait les vanités et les travers.

Jamais je ne me suis préoccupé de savoir d'où François Mauriac nous délivrait son message, s'il nous venait plutôt de la gauche, où s'ancrait ma propre histoire, ou si au contraire le sentiment d'appartenir à la bourgeoisie aisée des vignes et des grandes propriétés des landes girondines, dont il avait hérité la culture et les traditions, le condamnait au conservatisme à perpétuité. Il me suffisait de savoir qu'à l'époque où Mauriac avait exercé son magistère intellectuel et moral, il avait fréquenté le Sillon de Marc Sangnier, qu'il s'était senti dreyfusard, dans une famille qui n'avait pas cru spontanément à l'innocence du capitaine, qu'il avait condamné, avec la plus grande vigueur, l'intervention des armées de Mussolini en Éthiopie en 1935, qu'il avait enfin préféré la fidélité aux valeurs du christianisme à la compromission de l'Église catholique avec la dictature franquiste.

Et puis il y avait eu l'époque du *Cahier noir*, écrit sous l'Occupation, et les très beaux textes rassemblés dans *Le Bâillon dénoué*, où s'affirmait déjà une grande conscience politique et morale. L'engagement contre la colonisation avait ensuite donné ses pages les plus éloquentes au Bloc-Notes, auxquelles étaient venus s'ajouter quelques articles visionnaires sur le peu d'attention portée à l'éducation par les premiers gouvernements de la Ve République, ou sur la tragédie annoncée pour la planète des excès du productivisme et de l'urbanisation sauvage. Du *Gaulois* à *La Table ronde*, de *L'Express* au *Figaro*, une pensée s'était forgée, qui avait cheminé à travers le siècle au gré des événements dramatiques qui l'avaient endeuillé. Participant de la description méticuleuse d'un monde, cette somme de textes politiques avait contribué à la naissance d'un univers, lui aussi romanesque, avec ses personnages pourtant bien réels et si irrésistiblement humains.

D'une conversation avec Jean Touzot, non loin de Malagar, après une délibération du jury du prix François Mauriac, j'avais retenu que l'éternelle enfance pouvait trouver sa source dans le refus de

« l'immobilité de la statue » et la crainte du mouvement qui se fige à tout jamais. Quelques années plus tard, dans le très beau texte qu'il écrira en avant-propos de la nouvelle édition du Bloc-Notes et qu'il intitulera « Le Dieu-Terme et le Dieu-Fleuve », l'universitaire exhumera cette belle phrase de l'écrivain journaliste, évoquant sa passion : « Je dois prendre l'événement à la course comme je m'accrocherais à une crinière, et écrire aussi vite que l'histoire nous entraîne. »

Dans la nostalgie de l'enfance, dont je ne parvenais pas à guérir, je pensais moi aussi à la crinière blanche des grands chevaux du cirque Plège, à leur ronde majestueuse sous un chapiteau scintillant de mille feux, à ces souvenirs émerveillés qui passent de génération en génération, comme les témoins que se transmettent des êtres lointains qui ne se rencontreront jamais.

Je comprenais alors que le fragment que j'avais si longtemps tenu entre mes mains était ce que nous avions en partage, en dépit de nos existences si dissemblables : le souvenir des premières années, où la sensibilité s'éveille définitivement au monde, nous laissant pour toujours face à un univers fait de sensations, de parfums et de jeux de lumière, si intimement liés à la terre, aux paysages familiers, aux maisons un temps habitées, qui préservent entre leurs murs épais des secrets de famille ou le regret d'êtres aimés désormais disparus. Je réalisais que mon père était parti brutalement sans que nous soyons parvenus à nous parler de l'essentiel, de ses combats et de ses espérances, et que le manque avait été d'autant plus douloureux, que demeurerait à tout jamais ce silence entre nous. Comme François Mauriac, s'enivrant des chefs-d'œuvre de Mozart au moment où la maladie s'attaquait à ses cordes vocales, lui faisant entrevoir la mort, j'avais laissé la musique combler le grand vide creusé par cette disparition. Honorant la promesse de Georges Duhamel, elle s'était révélée consolatrice. Les pages des romans de Mauriac, les confidences de ses fragments autobiographiques et ses emportements de polémiste, consignés jour après jour dans son Bloc-Notes, avaient alors fait sonner à mon oreille une mélodie apaisante, laissant filtrer une lumière d'éternité, blanche et mystérieuse, comme la promesse d'une possible grâce.

Je n'aurais pas pu écrire ce livre sans la découverte des sommes biographiques de Jean Lacouture (*François Mauriac*, Seuil, 1980) et de Jean-Luc Barré (*François Mauriac. Biographie intime*, Fayard, 2009-2010), qui m'ont inspiré et ont éclairé de leurs inlassables et méticuleuses recherches ma lecture de l'œuvre de François Mauriac. L'édition, dans la collection « Bibliothèque de la Pléiade » (Gallimard, 1990), des *Œuvres autobiographiques* et leur préface par François Durand auront contribué à éclairer d'un jour nouveau le travail et la personnalité parfois insaisissable du romancier. L'avant-propos de Jean Touzot dans l'édition complète du Bloc-Notes, publiée dans la collection « Bouquins » (Robert Laffont, 2020), aura achevé de me convaincre de l'inépuisable source d'inspiration que constitue pour l'homme public cette contribution inédite à la compréhension du siècle passé et des tragédies qui l'ont traversé.

DANS LA MÊME COLLECTION

Caroline ELIACHEFF, *Ma vie avec la comtesse de Ségur*

Jean-Yves LARROUTUROU, *Ma vie avec Strawinsky*

Alain MINC, *Ma vie avec Marx*

François SUREAU, *Ma vie avec Apollinaire*

Composition : Entrelignes (64)
Achevé d'imprimer par Normandie Roto Impression s.a.s.
En mars 2023
Dépôt légal : mars 2023
Numéro d'imprimeur : 2300973

ISBN : 978-2-07-301034-6 / Imprimé en France.

556309